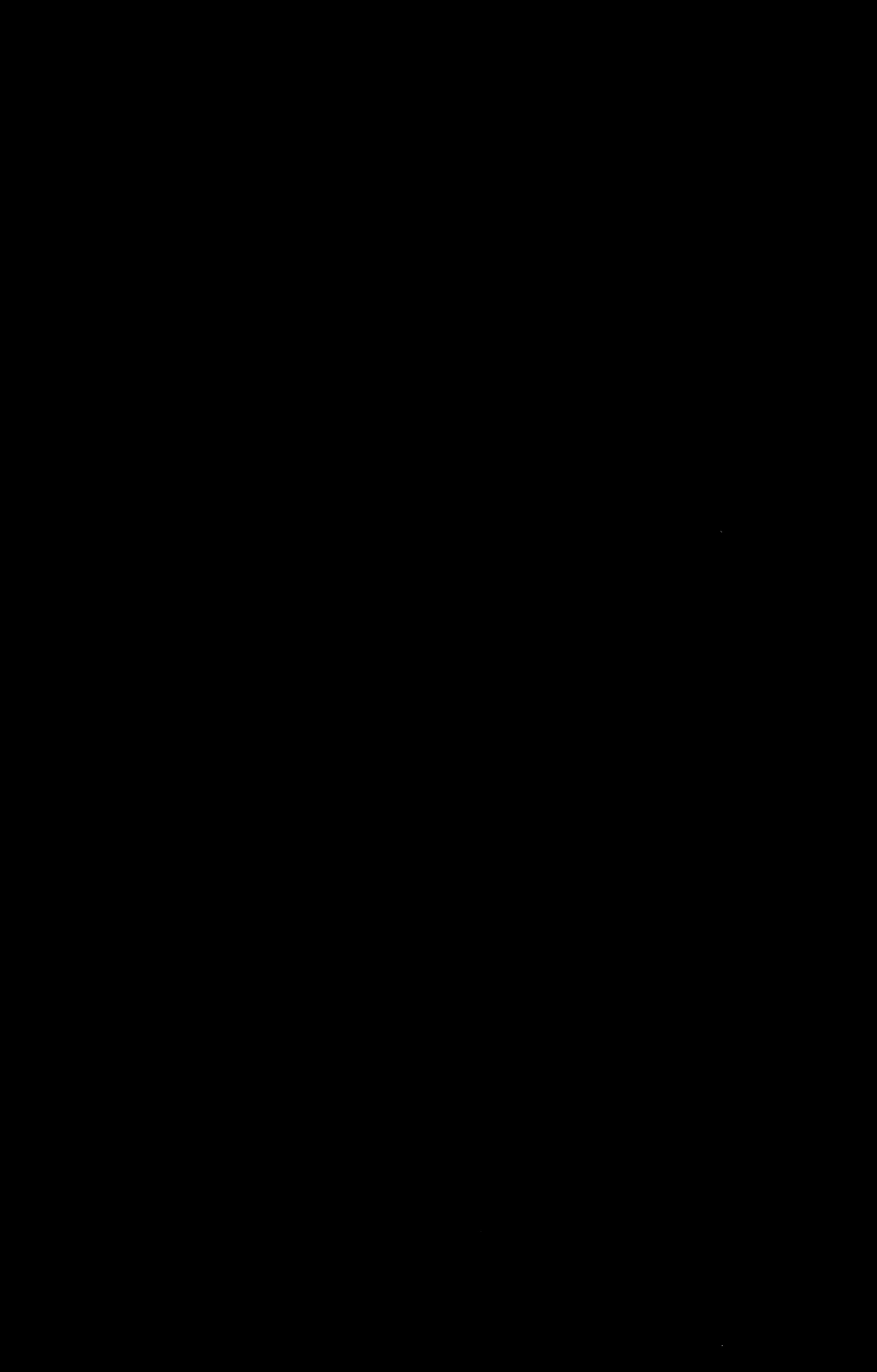

谷文昌

只为百姓梦圆

钟兆云 ———— 著

中国青年出版社

人民英雄 国家记忆文库

指导单位

共青团中央

发起单位

国防大学军事文化学院

中国青年出版总社有限公司

学术支持单位

中国作家协会军事文学委员会

中国当代文学研究会军事文学委员会

总策划

张启超　董　斌　皮　钧　陈章乐

策　划

侯健飞　李师东

主　编

李师东　侯健飞

统　筹

侯群雄

谷文昌（1915年—1981年）

总 序

◆徐怀中

我们这一代人成长在战争年代,那时山河破碎,民不聊生,是党在抗日根据地设立了免费高小,我才有机会去上学,后来考上边区政府开办的太行第二中学,算是有了点文化。毕业后,是党带领我走上革命道路,我跟随刘邓大军挺进大别山,开始了军旅生涯,后来长期从事写作、文化工作,再也没有离开过部队。

回首往事,许多的人和事历历在目。中国共产党的奋斗路、奋进路来之不易,中华民族的独立自由解放来之不易,新中国的成立、建设、发展来之不易,改革开放以来取得的成就来之不易,今天的幸福生活来之不易,无数的仁人志士、先贤先烈、英雄楷模为之奋斗、奉献,甚至牺牲,他们永远值得我们去纪念、缅怀、学习。

2019年底,国防大学军事文化学院、中国青年出版总社联合发起大型图书创作出版工程"人民英雄——国家记忆文库",致敬先烈,献礼党的百年华诞,我得知后感到很欣慰。是的,我们走得再远、走到再光辉的未来,也不能忘记走过的过去,不能忘记为什么出发。

今年恰逢中国共产党成立100周年，习近平同志在党史学习教育动员大会上强调，要教育引导全党大力发扬红色传统、传承红色基因，赓续共产党人精神血脉，始终保持革命者的大无畏奋斗精神，鼓起迈进新征程、奋进新时代的精气神。"人民英雄——国家记忆文库"的创作出版正当其时，为培养新时代合格社会主义建设者和接班人培根铸魂，为担当复兴大任的青年一代筑牢信仰之基，补足精神之钙。

讲好英雄故事，弘扬英雄精神，重点在"讲"，难点在"讲好"，关键是"弘扬"。大规模组织作家书写英雄、讴歌英雄，这是在新的时代背景下的一次有益的探索，也是文化工作者的优良传统。参与此次创作的有不少是军内外知名作家，他们怀着对革命英烈的一份最真挚的感情，克服新冠肺炎疫情带来的困难，不辞辛劳，深入革命纪念馆、烈士陵园采访调查，多方搜集素材，反复打磨，精心创作。经过各方面的努力，文库第一辑将陆续出版。第一辑有我党早期领袖李大钊、瞿秋白等，有革命战争年代的著名英烈方志敏、杨靖宇、赵一曼、张思德等，有青年英雄刘胡兰、雷锋等，还有新时期的英模焦裕禄、谷文昌等，毫无疑问，他们都是中国共产党最优秀的党员，是中华民族最优秀的儿女。他们永远值得大书特书！

作为一个年过九旬的老党员、老战士、老作家，我对英烈们的事迹都很熟悉，但阅读了作品后，依然心潮澎湃，感动不已。这些作品思想性、文学性、故事性、可读性强，既写出了英烈的光辉故事，也写出了英烈精神的传承故事，独具匠心；同时，很多作品充分利用纪念设施和相关文物，在物中见人见事见精神，在人、事、精神中见物，相得益彰，历史感、现场感强，让英雄人物和他们的精神品格在文学叙述中活了起来。

在中国共产党百年华诞的光辉历史时刻，国防大学军事文化学院组织创作了这套文库，用文学的方式回溯党史、军史，十分可贵，这是对我们伟大的党的最好礼赞，是为中国革命史做出的巨大贡献。中国青年出版社是红色出版的主阵地，《红旗飘飘》《红岩》《红日》《红旗谱》《创业史》等早已载入新中国文学史、出版史，影响了一代又一代人。我青年时期创作的长篇小说《我们播种爱情》最初就是由他们出版的。这一次军地联合行动，成果丰硕。我相信，随着第一辑的创作、出版，后续第二辑、第三辑的创作、出版会更有经验和信心，更多先烈的英雄事迹将栩栩如生地呈现在读者面前。

英雄永生的地方，就是我们的来处，就是我们的历史，就是我们的文化，就是我们的根，也是我们这个党、这个国家、这个民族自信的源泉。为英雄立传，为民族立心，为社会铸魂，功在千秋，善莫大焉。在此，对"人民英雄——国家记忆文库"的创作、出版致以敬意和祝贺。

是为序。

2021年6月18日

目录
Contents

序章　病危者：新任省委书记急急"转身"为哪般 ———— 001

一　"童话大王"：八尺门海堤写春秋 ———— 010

二　带枪县长：最后一战惊四海 ———— 023

三　立碑者：洒泪祭英烈 ———— 035

四　建设者：南门海堤承受风雨承受爱 ———— 047

五　南下干部：不负初心和使命 ———— 058

六　施政者："寡妇村"阅尽德政和民心 ———— 068

七　挑战者：伏"虎"降"妖"　功归人民 ———— 078

八　先锋官：九棵树肖像 ———— 094

九　进化者：绿岛这样炼成 ———— 127

十　劳动者：县委书记和他的农民兄弟 ———— 138

十一　目击者：这一处天堂 ———— 151

十二　奋斗者：致敬和送别 ———— 173

十三　下放者：低谷中信念不渝 ———— 194

十四　勤务员：衣食住行知荣辱 ———— 216

十五　无产者：弥留之际的"无我"牵挂 ———————— 232

十六　名世者："先祭谷公，后拜祖宗"如何成经典 ———— 250

参考书目 ———————————————————————— 275

序章 病危者：新任省委书记急急『转身』为哪般

一棵树，一棵棵树，一排排树，一丛丛树，手挽着手，肩并着肩，脚靠着脚，拂动着孔雀羽毛般的绿叶，在冬日的海岛上，英姿勃勃地挺拔在风尘仆仆从省城赶来的省委书记的面前。

上任不到半个月，省委书记首场调研就来到福建省第二大岛、中国第六大岛。从北京南下时，北国已是冰天雪地、万木凋零，眼下的南国却繁花似锦、绿意盎然。但这个叫东山的海岛，要有这番枝繁叶茂、郁郁葱葱，常言道的十年树木只恐痴人说梦，奉为神话不怕老天不点头。

省委书记知道福建曾有两处几百年来都难以治理的水土，一个在东海之滨的东山县，一个在大山深处的长汀县。虽听说东山已得以妙手回春，却也没想到眼见为实之后会让自己如此心潮澎湃：昔日吞噬房舍、毁灭田园的滚滚黄沙哪

★ 这些曾被谷文昌一棵棵抚摸过的木麻黄,谁能想到它们落户这个海岛竟那么不易,它们每一个根系连着的都曾是肆虐的沙土。

★ 名副其实的"蝶岛",浸透着谷文昌的血汗。

去了？曾经的不毛之地，状似翔舞于蔚蓝波涛上的玉蝴蝶，蝶岛之称真是实至名归啊！

"第一道防线是木麻黄，第二道防线是果树林，再往里是一方方良田……"

听罢多层次防护林的介绍，省委书记不时颔首："我去过那么多海岛，也种过树，我们东山的造林模式，可真有创造性啊！"

再听二十多年前县委书记谷文昌带领全县人民，历尽艰辛在"秃头山""飞沙滩"植树造林，把荒岛变成东海绿洲的往事，省委书记不禁动容："为民造福，利在千秋！"

只有他知道他们之间的心有灵犀：1958年谷文昌向全县干部群众发出绿化东山的号召时，以团中央书记处书记之职下放北京东郊农场的他，不约而同也带领干部群众在首都机场沿途植树绿化。二十年来，这片防护林带根儿深、干儿壮，在不断被增厚加长中，已成为守护首都机场的"哨兵"。

省委书记带着别样感受来到了东山对台接待站。对台工作是中国政府20世纪80年代的三大任务之一，福建在发展两岸关系中的地位无可替代，也使得他的肩上落下了中央领导寄予的厚望。他新官上任，即把对台工作摆上重要议事日程，把建设"统一祖国的基地"作为全省各地党委书记必须亲抓的一项战备性任务。与台湾一水之隔的东山，诚然是新时期对台工作的重要窗口，是故率先在全省也是全国建立了对台接待站。谁能想到呢，在这个历代大陆辗转去台湾最多的沿海岛县、明末郑成功驱逐荷夷收复台湾的屯兵据点、清代施琅征台统一祖国的出师地，还有着像"寡妇村"这样堪称海峡两岸人间悲剧的活典型。而这个叫谷文昌的县委书记，在两岸军事对峙严重之时，就以德政惠黎庶，赢得万民拥戴，为日后开展对台工作埋下了伏笔，真是了不起的政治担当啊！

省委书记很想见见这位不简单的人，问："谷文昌同志现任何职，人在哪？"

陪同的龙溪地委（今漳州市委）书记回答："谷文昌同志是龙溪地区行署副专员，不幸得了癌症，正在地区医院治疗，可能快不行了。"

省委书记不假思索地说："那我们马上赶回漳州看望他！"

原计划就近去邻县漳浦继续考察的省委书记，就这样临时改变了行程，为一位病危中的副专员"转身"。他们刚坐上中巴，晴好的天空突然雷电交加，大雨突至。当地领导关切挽留，说下雨天留客天，雨天公路不好走……省委书记却大手一挥：出发！

120公里的路，在如注大雨中，竟颠簸了5个多小时，赶到漳州已是夜色苍茫。地委办打电话给谷文昌妻子史英萍说明了情况，她说："老谷今天情况还算稳定，现在这么晚了，又下着大雨，再说书记赶路也够辛苦，是不是明天上午再来？"省委书记接受了家属的建议。

省委书记要来探望的消息，由儿女们传到了谷文昌的耳里。连日高烧的他，嘴里含糊地"嗯"了声，灰暗的眼睛顿放光彩，脸现平和之态。在病榻上仍不忘听收音机，并让子女读报纸新闻的谷文昌，知道省里新来了书记，一个多星期前也收听过新书记在全省党代会上题为《谈解放思想》的讲话大意,"嗯嗯"之声是他对新书记的期许,新书记刚上任就去看东山,还要来看自己,那一切尽在不言中了!

家人皆盼望奇迹出现,可谁也想不到,第二天凌晨——1981年1月30日,65岁的谷文昌心脏停止了跳动。

这晚的雨啊,一直下到天明,天在垂泪。

第二天一早,省委书记带着省委两位领导,也带着遗憾和沉痛来到医院,向遗体告别后慰问家属说:"这次到东山调研,看了谷文昌同志在东山留下的功绩,很是感动。谷文昌同志南下来福建,把自己的精力全部献给了东山人民和福建人民,人民是会永远怀念他的,搞四化建设就需要这样有事业心的好干部。"

随行的《福建日报》记者徐明新记下了省委书记的叮嘱:"谷文昌同志逝世要发消息,对他带领东山人民植树防风沙、改变恶劣自然环境的功绩要有个交代。"

徐明新稿成,送省委书记审看,他把原来的标题"龙溪地区副专员谷文昌同志去世"改为"为东山人民造福的谷文昌同志去世",副标题为"省委领导同志亲切慰问他的家属",并在文稿中加上几句肯定的内容,划去可能突出自己的句子,只保留头尾两处自己的名字,其余皆改为"省委领导同志"。

本来,省委书记对到任后的首次闽南之行全程都不让报道,更不让提他个人,只允许徐明新结合他一路所谈观点和见闻,夹叙夹议写个"闽南行随笔"系列,为改革开放发声。每写一篇就给他看,他改定后再请每天来送文件的省委机要交通科人员带回省报。谷文昌逝世,却让他开了个口子,同意发表他参加遗体告别的消息,认同报道引用他慰问家属所言,还主动"暴露"了自己的行动轨迹及态度:"项南同志得知谷文昌同志为东山人民造福的事迹,深表敬佩。"

厅局级干部去世,当时规定讣告不上省报头版,通常是在第二版发个几十字的"豆腐块"消息。省委书记却特别交代,谷文昌逝世的消息要见省报头版。

这位名叫项南的省委书记,为谷文昌"转身"种种,耐人寻味。

徐明新很快就把项南亲自改定的新闻稿,请省委机要员带回福州,并匆匆在稿纸空白处写满了留言:"圆珠笔是项南同志改的……谷文昌这篇新闻,放一版下面。标题是他(项南)定的,不要改动了。项南同志说,发这稿的目的,是为了表扬南下做了很多好事的干部……这样发表是项南同志的意思。"因为此事从无先例,他这样交代诚非多余。

1981年2月2日,《福建日报》在头版超规格地以600多字的版面,隆重刊发这个重要讣告。谷文昌的名字在沉寂十几年之后,再次光彩夺目。

是年6月20日,《福建日报》发表报告文学《种子——东山人民怀念谷文昌》,不仅再现了谷文昌制服荒沙、改造自然的感人事迹,还较早地报道了其廉洁自律、两袖清风、无私奉献的崇高品格。

引子到这里,本可进入下一章节,却还得花些笔墨,补记几则花絮。

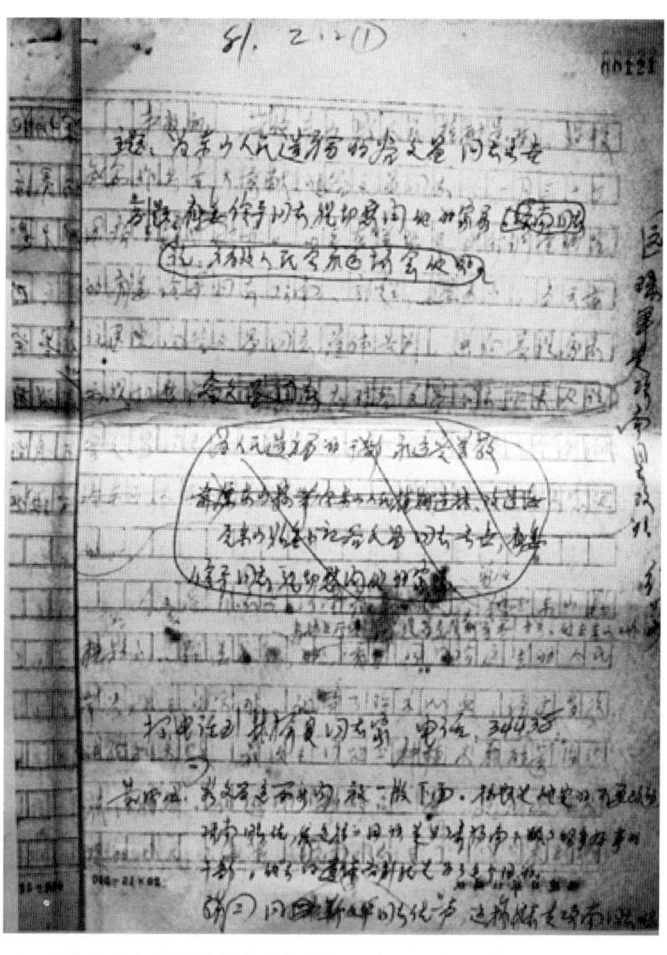

★ 项南在谷文昌逝世后亲自修改新闻稿,刊登在《福建日报》。如此神交,堪称佳话。

项南接着视察的漳浦县，历史上曾管辖过东山，南下干部谷文昌当年正是从这里跨海进岛的。在漳浦，项南欣喜地看到县委书记黄步翔一心一意要来造福百姓，还立下"军令状"，马上予以表扬，希望他也能成为像谷文昌那样的好干部。经项南授意，徐明新的"闽南行随笔"就有了第四篇新作《要有漳浦、东山那股创业劲》。省委新书记第一次表扬的地方干部，就是东山、漳浦这两位县委书记。

福建植树造林、严禁乱砍滥伐的春天，与改革开放的春天一同到来。另一个春天，也在谷文昌精神的感召中雷鸣电闪而至！

为谷文昌"转身"之后的项南，转身向赤地千里、全国三大重点水土保持试验区之一的长汀县河田镇，发起了"三至五年内见绿"的决战令！1986年春，项南亲眼看到昔日千沟万壑的"火焰山"已变得绿草如茵，放心离任回北京前，又故地重游东山。

如果说，"蝶岛"东山在谷文昌手里实现了第一次蝶变，由蛹一般的瘦弱和光溜溜而变得斑斓、翩跹、灵气；那么，在项南这个福建改革开放奠基人手里，则实现了第二次蝶变，华贵、浪漫、美满。人们有理由期许它在接下来的蝶变中超然飞过时空的沧海。

1991年5月，福建各地正掀起学习谷文昌先进事迹的热潮，时任中央顾问委员会委员、中国扶贫基金会会长的项南，又一次来到已成"玉蝴蝶"的东山。道阻且长的东山啊，究竟以什么魅力吸引一个古稀老人呢？他生命中最后一次东山行，头尾三天，差不多把东山的里里外外看了个透亮,赞叹这般山好海好风光好的人间仙境。他又一次讲到了谷文昌,在新落成的谷文昌雕像前三鞠躬。

项南三到东山,每次都与工作人员乘坐同一辆中巴,没有迎送,绝无警车鸣笛开道,座谈会上只有白开水,餐桌上"四菜一汤"不摆酒,喜滋滋地吃"地瓜宴"。在东山干部群众眼里,省委书记项南和他们的老县委书记谷文昌的吃穿住行、人格魅力、担当精神,真是太像了啊!1981年那次与谷文昌缘悭一面、未遇之憾,却让项南心里一直有他。

谷文昌年长项南3岁,都是时代楷模、公仆榜样。他们虽没来得及握手相识,忠魂有知,他日当能相聚。

谷文昌——生前不搞特殊化的人,却在身后一次比一次"特殊"起来,被树碑立传,直至连雕像都被请进了中共中央党校,与焦裕禄一道和马克思、恩格斯、毛泽东、邓小平并立。而这些"特殊"的第一次,缘于项南。

项南——一身正气、两袖清风的人,生前极为反感领导干部搞特殊,却在主政福建之初,为一位已故地厅级副职破例"特殊"纪念。

他们,一个被称为"谷公",一个被称为"项公",享受着百姓真正自发的香火。多年后,人们谈起他们,还是满怀敬意,泪流满面。

一 "童话大王"：八尺门海堤写春秋

1981年春天，项南从惊涛拍岸的八尺门海堤进入东山岛。他看到葱茏绿意，感受着先生之风。在他之前和之后好一段时间，除了大小船帆、飞鸟、鱼儿，还有云雾、风雨，八尺门海堤在浩渺沧海这一头，承载着每个人、每部车辆进出海岛的历史重任。

1991年，刚参加工作的我，也从八尺门海堤第一次进入东山。碧波荡漾的海面布满了养鱼的网箱，如同漂浮在海上的近千幢多彩玲珑小屋，宽阔的海湾上船只穿梭，鱼跃人欢，宛若一座热闹的小城镇，与腾空跨海飞架的引水渡槽交相辉映，如诗如画。当时只道好一片美丽壮观的"海上田园"，听了介绍，才知昔日只限于吞水纳潮的八尺门海湾，彼时已成全国县级最大的网箱养鱼基地，堪称一处溢金流银的"聚宝盆"。那时也只是隐约听说过谷文昌，不知眼前胜

★ 美如仙境、气势磅礴的八尺门海堤。

景出自何人之手。普天之下,谁坐一趟舟车,享用一次美味佳肴,下榻一家馆所,遇上一个可爱之人,会穷根究底打听这是谁制造谁开发谁出产的呢?但这个人身后的光芒太不一般、磁力四射,如一瓶珍藏多年的老窖,越来越多的人把他的名字和这个海堤联系在了一起,人以堤荣,堤以人贵。

第一次站在八尺门海堤觅史寻踪,谁能想到这里以前是水深浪高的海峡呢?或者,如何能想到以前的海峡会是这个样?

必须回到历史现场。

八尺门,是昔日东山岛通往内陆距离最近、最主要的海峡渡口,以海这头的后林村,连接大陆那头相隔五六百米的云霄县岱南村。

史载,唐朝陈元光开发漳州、加冕"开漳圣王"时,因其部将陈平拓荒孤岛造福于民,乃将此渡口勒石命名"陈平渡"。此后的军事意义自不待言,此处成为通往大陆的咽喉。清廷为了断绝大陆人民与郑成功的联系,对福建沿海实行"迁界政策",在"陈平渡"对岸挖沟、高筑界墙炮台并驻兵把守。被迫内迁的岛民思念家乡,常常站在八尺高四尺厚的界墙上隔海眺望故土,久而久之,"陈平渡"遂改名"八尺门","举目眺望八尺门,心碎神乱珠泪流"一诗因此而来。

解放军跨过八尺门天堑攻下满目疮痍的东山后,谷文昌和战友们一边为建立并巩固新政权而战,一边为即将开始的建设做准备。当县长后,地区和省里开会如碰上台风天,或八尺门渡口风大浪高,船只出不去,他也只能干着急。交通不便、运输困难,不仅成为东山社会发展的严重障碍,对军事影响也颇大。

无从探知建堤何时成为谷文昌的朝思暮想，他的前任又何尝不知建堤的一举数得？难落实的焦点不是勘测不行，而是囊中羞涩，这点在谷文昌当家后，就更知底细了。

谷文昌站在八尺门渡口望着对岸"珠泪流"，乃因为1959年的一个夏日，这里又发生一起舟覆人亡的惨剧，数名死难者中还有孕妇。这可不是"风乍起，吹皱一池春水"，而是"只恐双溪舴艋舟，载不动许多愁"。当谷文昌闻讯赶至渡口时，只见岛上居民还在排着长队等船，摇橹前进的渔船在风浪中颠簸，他的心被深深刺痛了，只觉得眼前的八尺门渡口，"洒向人间都是怨"。

"我们的工作没做好，让百姓受苦受难了！"谷文昌如海水一般呜咽。

修建八尺门海堤，把海岛与大陆连接起来的愿望，在他心头激荡。

"群众需要什么，我们就去做什么，要敢闯新路，勇往直前！"他的话可以说得斩钉截铁，但县财政却依旧拖泥带水，不合作，砸锅卖铁也拿不出足够的现钱来。

谷文昌实在等不及了。身兼守岛部队政委的他，想到了联合驻军向上级报告。震惊中外的东山保卫战后，台湾方面声称要大规模地"反攻大陆"，虽是痴人说梦，但尽快改善东山与大陆间的交通，以应万全，却也是军事需要。

分管支前的副省长刘永生转业前曾任省军区司令员，首先表示支持。时任县委办副主任的宋秋涓，至今仍清楚地记得，1959年谷文昌向进岛视察的刘永生汇报时的情景。刘永生说："要是早有这道大堤，我们解放东山岛时就会少些牺牲；东山保卫战要不是八尺门渡口拖了我们的后腿，只怕胡琏没那么好跑！"谷文昌紧接着说："我们付出了血的代价，东山烈士陵园埋着累累忠骨，他们的英灵在注视着我们，期待早日把海堤修好！"

将军省长考虑的主要是仍处紧张的战备，与县委书记主要考虑的经济建设有所不同，但在建堤事上，两方不费周章、一拍即合。

经勘察设计，初步测算需投入普通工、船工、技工不下100万个工日，土、石、沙料不下50万立方米，总投资不下200万元，可谓工程浩大。不说县里财政全部上缴后再由上酌情下拨，在国民经济艰难之时，要上马这个民需军用相结合的海堤，断断离不开省委第一书记兼福州军区第一政委叶飞的支持。

叶飞早知八尺门的战略地位，在东山保卫战打得酷热时，他给驻岛部队首长打电话开口就问："八尺门怎样了？丢了别处也绝不许丢八尺门，只要八尺门在手，天就塌不下！"正是守住了八尺门，增援部队源源不断跨海进岛，才有了东山大捷。

"石匠啊，你提的海堤工程有远见，是百年大计，不仅对打仗有帮助，对今后经济建设更有意义，还是早修为好！"有过负责修建厦门海堤经历的叶飞听得认真，连连称赞，他知道谷文昌南下前那段打石经历，私下里喊这位朴实无华的县委书记为"石匠"。

谷文昌的眼睛登时亮了："叶书记光同意不够，还要财物支持呢。"

叶飞痛快地说:"这不正是你的真实目的嘛。好,我答应你,简单一点,从支前经费给,包干给你使用。"

1959年秋,由省水电厅拟文、省计委会审,省政府正式批准拨出专款200万元,投建八尺门海堤。

这是自新中国成立十年来国家在东山投资的第一个大项目!无从想象谷文昌费尽心血拿到批文时的激动心情,却可以想象他重视的程度。正全力抓造林治沙大工程的他,亲自担任建堤领导小组组长,提议县长攀生林担任总指挥,组成得力的工作班子。谷文昌有的放矢地说:"福建人民是创造过奇迹的,早就有了海底砌条石的技术和科学创新。泉州洛阳桥经历海浪千余年的冲击还稳如泰山,前几年竣工的厦门海堤,连陈嘉庚先生看后都说比新加坡海堤还好,我们没理由建不好八尺门海堤!"

有过建筑经历的谷文昌,一向强调百年大计质量第一,再提倡节省,还请来了省里和地区的测量大队、水电部门,分别负责测量及设计、施工指导。他俯下身子,甘当小学生,听取并了解重大注意事项,如海潮冲击力有多大,如何精密勘测,计算出用多大的石头才能经住海浪的冲击。

1960年4月15日,谷文昌奋力向大海投下了一块镇海石,八尺门海堤正式动工,上场民工最多时达1800人,摆开向"天堑"大海宣战的阵势。

八尺门渡口海面狭长,险滩暗礁密布,冬天海风呼啸,巨浪翻腾;夏天,炎阳当头,大地滚烫,无风三尺浪。要在浩渺水深的海底筑堤，难怪有些上中农送上诸如"放大炮""未生子先挂名，是梦想"的冷嘲。

科技水平低、运输能力差、劳动工具简陋，加上水深流急，施工困难可想而知。眼见倒下的沙石顷刻间消失得无影无踪，也难怪一些民工搓手送上热讽："谷书记是土八路出身，能做成洋玩意儿？"

说三道四随风来，但谷文昌就不信邪，他要带着东山人民以东山战斗的英雄姿态征服大海，创造属于自己的奇迹。

是的，这个有一定技术含量和非常难度的海堤建设，叫天叫不来现代化的开挖设备、吊装机械，叫地叫不来能载运大石块的大轮船，只好用钢钎、铁锤、竹竿、麻绳、铁丝、炸药、板车、木帆船，土法上马。县委虽然专门建立了专责机构，但谷文昌总也停不下脚步，那段时间带着风，沾着雨露，经常披星戴月来到风高浪急的八尺门。即使在县委，他也不时主持会议，听取指挥部各种情况汇报，解决接踵而至的难题。

谷文昌明白，在狭长的八尺门海面建筑海堤，除了毫不含糊的技术力量，还得考虑季节、风向、潮水、暗礁和急流。因此，他提出向科学技术要效益，整个施工队伍要有科学分工，严格控制工程进度，绝不能蛮干。他还一次次深入施工现场，同工程技术人员共同研究采石、砌堤、抛石合龙等方案，改进施工方法。

他清楚地看到，采石任务十分艰巨，靠当地惯用方法实难完成任务。这位太行山老石匠对填海作业抱持学习态度，但对采石有发言权，看到当地工匠不太在行，就手把手教人打石头。为了不影响工期，还特意从家乡河南林县请来了石匠。在

★ 谷文昌对打石很有一套。他是名副其实的"石匠",手把手地为东山建设拉起了一支打石队伍。

★ 这一船船运往八尺门海堤的石块中,有太行山老石匠谷文昌亲自打下的石料。

谷文昌的启发下，大家发挥聪明才智，这个献计打深洞，那个献策大爆破。他又来协调驻岛部队助力，最终选好十余处理想的采石场点。如是这般，把原有工效提高了十余倍。

渡口海深流急，木船太小，谷文昌便叫人把几只钉在一起，载着石块源源而来，按桩号往海里填。几船石块下海，溅起一圈水花，有如精卫填海。有了一车车一船船石头，幽默的干部、顽皮的民工，可以手指大海大声喊叫了：大海，你要吃多少沙石我们都给，东山人民给，共产党给！

很多智慧都来自民间，关键是如何开启民智，博采众长。一场场"诸葛亮会"下来，大大提高工效的还有：人工拨卸沙石船改为抛卸自动化，海上运输推行汽船拖带法……

谷文昌一而再再而三地加入建设队伍中来，同大伙一起打石挑石，与群众一道扛石板、推独轮车，常常吃住在简陋的工棚里。渐渐地，越来越多的民工知道了，这个干起重活来身怀绝技、有模有样，歇息时还一个个递烟，和民工轮流喝一壶水的人，竟是敢教东山变模样的县委书记！他们被深深感动：再无法让太阳从西边出来，也要誓叫东海的水在眼前倒流。

人们所不知道的是，谷文昌不仅手把手地为东山带出了一支打石队伍，还推广了北方普遍使用的独轮车。这样的人和物，在此后东山的各项建设中都大显身手。

谷文昌无数次往返工地检查指导、扛石填土。知情人回忆当年，无不感慨："没有谷书记筑堤的决心，沉在一线的领导，就难以唤起万众一心来移山填海，就没有八尺门海堤！"

随着一块块石头、一袋袋沙石锲而不舍地如雨点般投填,两道小堤渐渐看得见了!海浪的冲击终于被扼制了,鼓起的是人们填海筑堤的决心。

1961年夏,八尺门至云霄县的一段蔚蓝海面上,终于冒起了五花八门的石块。那些水性极好的青壮渔民纷纷跳下海去,把乱纷纷的石头进行堆叠调整,交叉排列,像是砌墙一般,把八尺门海峡拦腰斩断。接着抛沙,抛一层就用小石头盖一层,再一边填石一边填土,按要求填得大一点、厚一点、牢一点,以确保质量。

望眼欲穿到11月,这里终于耸起了一座底宽110米、顶宽13米、高出水面5米、长620米、堤面宽17米的海堤。时隔不久,包含砌筑海堤两边石护坡、石胸墙和堤顶路石边沟在内的第二期工程宣告完成。高逾6米的防浪墙,长逾千米的外延公路,也揭开了面纱,像建筑工人们自信满满秀肌肉那般,刚健有力地展现在大海眼前、天地之间。

宏大的跨海作业历时20个月,比原计划提前了一年。那些目睹胜利竣工通车的民工们,在放鞭炮、敲锣打鼓中,莫不交口称赞:"共产党确实伟大,谷书记确实有勇气,千百年来办不成的事,只用一年多就建起来了!"看到孤岛变半岛、天堑变通途的美梦终于成了现实,那些挖苦者连声检讨过去的看法是"鼠目寸光",而那些通些文墨的秀才们,则称之为东山版的"精卫填海"。

后人可以不知道仅有的37名打石工如何保证开采工程所需的14余万立方米石料,可以不了解在交通十分不便的海边又是顶风逆潮之下如何完成沙石开采,也可以不明白仅靠33只木帆船,如何化解工程需要运载沙石23万立方米、运程近10公里的压力,却从那些已经发黄的历史照片中可以看出:上千名民工自带的工具只是锄头、扁担、粪箕、木杠、绳子等,他们以脸上的喜悦、热火朝天的场面告诉世人,在海峡急流中施工再危险,各种困难再多再大,都挡不住他们矢志追随共产党和谷书记改变家园的铿锵步伐。

海堤贯通那一天,全县人民犹如过年般全涌到八尺门,那些一辈子没出过岛的老人在儿孙搀扶下走上崭新的海堤,抹着眼泪说:"这辈子都想不到还能走到对岸,真是赶上了一个好时候。"

堤成,叶飞不忘约定,1962年春节过后莅临东山岛。像当年厦门海堤建成时驱车驶过那样,目睹又一个移山填海工程落成,涌起在开国上将心间的,是何等的激越和壮阔豪情!

谁说那个时期的共产党人"老土"呢!建造八尺门海堤如同建造厦门海堤,是共产党人的战略决策,体现了他们的前瞻,谷文昌和后来的交通部部长叶飞一样,是"要致富,先修路"的先行先试者。这条海堤如一把利剑斩断了东山的贫穷,成为东山腾飞的基础。

1973年底,《人民日报》《福建日报》报道:东山人民在云霄人民、驻岛部队的支持下,借力八尺门海堤"桥上架桥",历时三年协作建成"向东渠引水工程",根本解决了东山的人畜用水和农田灌溉问题。

看到公路穿堤入岛,大小车辆往来穿梭,自古天堑已变通途,人员流动、物资流通、信息交汇成为便利;看到免除了舟楫之苦的群众大力发展养殖、扩收渔盐之利;看到沿堤修筑的渡槽为东山人民送来"救命水";看到战备因之加强,国防更为巩固……谷文昌那张饱经沧桑的脸上阳光灿烂。

切身有过前后对比的孩子们曾问父亲:"您是怎么想到修海堤的?胆量可够大啊!"他淡淡一笑:"党是伟大的,人民是伟大的,我自己能算得上什么?"

而孙辈们问爷爷的是有没有见过"海龙王",他也就顺着孩子们的烂漫童心,煞有介事地插进了智斗龙王的故事,成了孩子们心目中的"童话大王"。

不知何时,昔日"陈平渡"老碑不远处,挺立着一块上镌"海上飞桥,人间奇迹"的新碑,无言叙说着"伤心渡"变为"致富堤"的故事。

2020年夏,我在睽违多年后再一次来到东山,如同上一次故地重游,从跨海大桥而至。原先作为进出东山唯一通道的八尺门海堤,已成"摆设"多年,却依然驱使我特地来到它的面前,发思古之幽情。

在谷文昌生前和身后,在海的眼前,八尺门海堤傲然屹立了五十年,阅尽人间沧桑。它以自身的质量,检验和透视着一个共产党员的忠诚度。

八尺门海堤原本就是个海枯石烂的童话。

漫步在阳光直射的海堤,驻足于光线斑驳的桥墩下,我看到了两段海被阻隔之后的不同。半个世纪的超负荷运转,十几年闲置后的风吹浪打,曾经的卧海巨龙有些苍老,堤面有点脏乱和坎坷，但纵然如此，也不改我们步行到尽头的决心，这是能用脚步丈量的地方，一步又一步中，我像是走近了谷文昌那颗不朽的心，遥想他当年何以执政为民！

站在海堤上，有太多太多的思绪在海风中飞扬。我已然知道，庚子年三月，谷文昌当年惠及民生的两大工程——八尺门贯通工程和红旗水库扩容，已作为民生设施建设行动，将启动八尺门海堤、"向东渠"的拆除和清淤工作，并建成岛外引水第二水源工程。陪同的东山县委党史方志研究室陈主任说，拆除八尺门海堤，东山的干部群众有太多的不舍，毕竟这是东山历史上厚德载物的"功臣"，还是谷文昌的遗物。不过，为了更好的未来和碧水蓝天，谷文昌英灵有知，也当会心而笑。

对八尺门海堤怀有深情的东山人，络绎不绝地赶来拍照合影，一如我这天的情状。享受着现代化生活和吃住行便利的儿子，不太理解我们何以在此地行行复行行。且不去在乎他到底懂不懂我对先贤的思念之情，一代人有一代人的使命，上一代人的所作所为，常常出于对子孙后代的交代和爱，但愿他今后更有体会。

八尺门海堤的历史功勋永不磨灭。物是人非，一切皆有尽头，但对党的忠诚、对人民的大爱，一代又一代，却是海枯石烂也不变。

一日千里的科技时代，很多东西都不可能永久唯一，眨眼间已是更新换代。但人却可以是唯一，不可复制。谷文昌和这条海堤，以及那个时代，以一个甲子为期，彼此都未辜负。

二 带枪县长：最后一战惊四海

你可以不知道八尺门，但不能不知道东山战斗。因为那是国共双方在大陆的最后一战，因为毛主席说了："东山战斗不光是东山的胜利，也不光是福建的胜利，这是全国的胜利。"

很多年前，因为写叶飞、刘永生两位开国将军传记，我采访过他们的老部下、这场战斗的具体指挥员、驻岛部队公安八〇团团长游梅耀，知道战斗中谷文昌的作用。

海防前线，地方和驻军关系密切。县长谷文昌还兼任县海防对敌斗争指挥部指挥（县委书记为政委），1953年7月，谷文昌陪同十兵团副司令员、省监委主任刘永生检查东山战备，对刘永生近期有一战的预测十分上心。在谷文昌要求下，大小干部日夜都绷紧一根准备战斗的弦。

在东山这个复杂的对敌前沿，谷文昌枪不离身，狠抓海防，带着机关干部经常举行夜间演习。哪怕是银行干部，那几年即使不枕戈待旦，也得每晚都把钞票、账簿、凭证、文件收装入袋，放在床头，一有情况即刻背到指定地点集中。因为起床不准点灯，时间又紧，不时闹出笑话：有人一紧张就把裤子当上衣穿，头都伸不出来；有人左右脚穿错了鞋还不知道；有人丢三落四，不是漏了文件就是忘带手榴弹，一演习就检查出问题来，多些演习就能改毛病。

1953年5月3日，游梅耀受命从福州到东山正式上任第二天，就带领部队打坑道。谷文昌常来部队看望，见面就问游团长需要县里做什么。

60多年后，游梅耀告诉我："东山的百姓真是好啊！我们修工事，他们就送物资，把留作盖房子的木料、石料都抬来，有的还把房子扒了，抛家舍业支前。东山保卫战一打响，谷文昌也亲自扛炮弹、抬粮食上前线……"

1953年7月15日深夜，海风驱散了白天难熬的暑气，嗡嗡叫个不停的蚊子却还困扰着人们的梦境。在西埔区公所值班的谷文昌，忽然接到叶飞从福州打来的电话：敌军从金门料罗湾开出若干军舰和登陆艇，有进行大规模袭击之企图，但攻击目标尚不明朗，东山是海岛，立即进入一等战备，做好转移和撤退准备，并与驻岛部队紧密配合。

放下电话，站在窗前，看满天的星斗在深邃的天幕闪烁，谷文昌的大脑像车轱辘一样迅速飞转，分析着敌人的诡秘行动。由叶飞的电话想到刘永生临走时的预判，他心里一个激灵，马上打电话向县公安局局长张金川通报敌情，并让县政府秘书林嘉立即通知各乡主要负责人，迅速组织干部群众转移到西埔，以备不虞之测。他特别叮嘱，切切要让老弱病残孕妇先走，保证文件、现金和账簿不落，并做好后勤粮食油料及副食品供应和支前民工、担架队工作。接着又联系沿海各站点，注意海上敌情及社会治安动态。

他急如星火地回家，叮嘱妻子史英萍带上一对儿女做好撤退准备，然后又衾夜回到西埔区公所。凌晨四时许，谷文昌在区公所晒台正和林嘉、通讯员吴南发分析敌情，电话铃声大作，是游梅耀打来的，说是省委和军区来急电了，敌舰目标就是东山，由于进犯之敌过于强大，守岛部队可作机动防御，于16日天亮前撤出东山岛，然后组织力量再行反击。游梅耀却提出了固守待援的意见，并就此和兼任县海防指挥的谷文昌紧急沟通："地方党政机关可以撤出岛，但部队得坚守待援，如果敌人的枪还没响，我们当兵的就溜，还有什么威信可言？老百姓将遭受多大损失，我游梅耀还有什么脸面再见他们？我们手中的枪不就成烧火棍了吗？另外，如果我们撤退，敌人在岛上站稳了脚跟，钻进了我们挖的坑道、工事里，必然难以反击，所以我们一定要固守防御！"

谷文昌听罢心想：是啊，驻岛部队和东山县各级党政机关都撤走了，老百姓将遭受生灵涂炭啊，今后即使打回来，又如何见江东父老？他认为游梅耀分析得有理，表示地方党政领导也不撤退，协助部队打好这一仗。

有了谷文昌代表东山县的表态，游梅耀底气更足了。这个在抗日战争、解放战争时期三次中弹的人，没怕过死，心里只有一个想法，上级把这个岛交给了你，你就是死，也得烂在这块土地上作肥料。他果断地改变机动防御的作战预案，却仍要求立即转移地方党政机关干部同家属，天亮前全部撤出东山岛。谷文昌请游团长放心，有关事项已交代下去。

过后，谷文昌带上通讯员，立马赶往西埔盐场管理处召开紧急会议，以县海防指挥的身份发出命令："各乡镇自卫队、支前担架队、救护队立即在执勤地区集合待命！""机关干部、武工队、民兵立即进入岗位担任战勤与作战任务！""非战勤的机关干部及家属、学校师生在天亮前按预定路线转移！""组织人力把一切重要财物转移！"

"考验我们的时候到了！"大敌当前，谷文昌指挥起军事来，有条不紊。

1953年7月16日凌晨分南北两路向东山压来的，是国民党部队4个主力团、2个海上突击大队、2个伞兵中队和部分海军陆战队与装甲兵，计一万三千余人，由金门防卫司令胡琏坐在驱逐护航舰上指挥。偷袭行动阵营如是"壮观"，目的是策应美国在朝鲜板门店停战谈判的政治讹诈和牵制解放军在朝鲜战场及东南沿海的军力，加紧"反攻大陆"的步伐。行动中，由美国中情局为主倡议成立、意在反共的"西方公司"出人出力，从幕后跳到台前。

13艘舰艇像一条已经盯死了猎物的游蛇一样，不声不响游进了东山东海岸泊地，随着胡琏一声令下，从登陆艇上开出21辆水陆两用坦克，登上海滩。第一波6000人马紧随坦克跟进，气势汹汹地抢滩登陆。严阵以待的守岛官兵立即予以迎头痛击,枪炮声、喊杀声震天动地,撕破了海岛凌晨的寂静。

游梅耀手中虽只有两个多营1200余众,但他有大将临阵的气概,在兵力部署上"前轻后重",在前沿给敌一定杀伤并延滞敌时间后,收缩兵力,转入主阵地,依托工事,固守待援。

胡琏见偷袭不成,孤注一掷,投入海空力量。由是,飞机滥炸、舰炮狂轰,同时从新竹机场起飞的13架大型运输机,在4架战机的开路下,以一字队形飞到八尺门上空。这是国民党部队首次在战争中使用伞兵。

谷文昌和游梅耀都知道"东山屏闽粤,八尺定乾坤"的弦外之音,料定这里会是敌军的目标,却没想到对方竟用上了伞兵。得知游梅耀已在八尺门部署一个水兵连据守,援军在叶飞调度下正分别从厦门、漳州和潮汕方向赶来,但枪炮声隆隆之中,谷文昌仍放心不下八尺门。他担心的不仅是在此撤退的干部群众以及妻儿的安危,更因为敌伞兵一旦控制了此咽喉,就等于关闭了东山最重要的门户,解放军援兵即便赶到,短时间内也只能隔岸观火,而且岛上守军也便无路可走了。

游梅耀把回答叶飞的话搬来鼓劲:"八尺门是东山的命根子,我已给水兵连下了死命令,无论如何也要守住!"

谷文昌点点头:"八尺门一带也有我们的民兵,相信他们会助水兵连一臂之力!"

几经接触,尤其这次在指挥部看游梅耀指挥有素,谷文昌更感觉这个小自己一岁的老红军是个泰山崩于前而不变色的汉子。他坚信叶飞为东山选对了主将，于是也就放下心来，离开了发挥不出自己作用的指挥部，率领干部群众为部队送弹药、送水送饭，把负伤的战士抬下火线。头上枪弹嗖嗖飞，耳边炮声隆隆响，谷文昌身先士卒支前，对大战当前的干部群众不乱阵脚、众志成城，起到了稳定器的作用。

烈日当空，暑气逼人，直晒得人皮肤灼痛，头晕眼花。加上坑道里的火力烟雾，热得人穿不住衣服。有过行军打仗经历的谷文昌深知，除了弹药充足，暑天作战最不能少水，得想方设法发动干部群众送弹药、送水送食物。

正在指挥民兵作战的县武装部长崔天恒见谷文昌肩扛子弹箱向自己所在阵地冲来，急得直喊："你不在指挥部待着，上来干吗？"命人坚决把谷文昌送下山。但一转身，谷文昌又来到弹药仓库，扛起三四十公斤重的弹药箱，奔走在崎岖的山路上，冒着炮火，朝几千米外的另一个阵地冲去……

200高地是守岛部队的核心阵地之一，也是整个东山岛的战略支撑点。所谓的公云山，光秃秃一片，伸展到海边，几乎一马平川。从亲营以南登陆之敌，满以为在四小时内必然攻克，而后插入八尺门渡口与其伞兵会合，再分割包围其他阵地。坚守阵地的二连116条硬汉，正苦于弹药缺乏和吃不上饭、喝不上水，谷文昌带着武装民兵适时赶到，送来了弹药、水和食物。谷文昌要求地方干部在紧张的战斗中哪怕一整天没吃没喝，也得撑下来，把好不容易弄到的食物和水让给指战员们。战士们感动中群情激昂，"人在阵地在"的誓言响彻云霄。在27小时内，二连依托一条长不到百米的坑道，硬是打退了强敌三四十次进攻，歼敌400多名，坚守住了阵地。

敌军虽然占领了东山大多数地方，但打通200和320高地后再与伞兵会师、占领全岛的梦想难圆，遂又从礁头山绕道过来攻打守军阵地，哪曾料想举步维艰！

金乌西坠，残阳如血。7月16日下午6时许，谷文昌参加了游梅耀召集的紧急会议。游梅耀通报援兵情况说：叶司令原本要求我们坚守一天，援兵必至，现在提前到来，胜利肯定属于我们！大家群情激动中，也莫不认同游团长的分析：现在战事呈胶着状态，敌人不会轻易撤退，今晚是关键，争夺阵地战必然更激烈，各部都要提高警惕，不能有丝毫松懈，守好各自的山头和路口，严防敌人偷袭。

恢复和县长枪班、短枪班及县公安、主要民兵队伍联系后，谷文昌反复叮嘱提高警惕，严阵以待，配合驻军把好各个山头路口，做到有阵地就要有人，有人就要守住阵地。他还要求长枪班、短枪班三人为一小组，加强值班，分工负责保卫阵地，并注意敌军动态。

当夜，敌人发射大量照明弹，夜空如同白昼，枪炮声、轰炸声不停。战斗果然更为惨烈，但敌人对几个核心高地的整夜进攻，都没能奏效。

战事一路凶险，谷文昌抱定必死也必胜的信念，负责做好支前工作。他非常欣赏游梅耀的豪言壮语：人在岛在，打死了就化为肥料长庄稼。

后来我采访游梅耀时，他特别提到，东山保卫战中，东山干部群众给了守岛官兵最大的支援，他们拿枪的拿枪，拿刀的拿刀，有个乡的民兵战斗到只剩下几人……

7月17日上午7时许，旭日东升，谷文昌和县委书记张治宏带着一群干部下山，在张家村前坑洞召开会议，布置新任务。途中时见群众手持锄头、扁担、木棒在追赶敌伞兵，他们用绳子五花大绑后问送到哪里去，谷文昌告诉他们：你们看好，送给山上部队、公安机关都可以。

有关人员接到通知到齐后，主持会议的谷文昌招呼大家在附近的树林里坐下来，说："同志们，下面由张书记动员报告和分配任务。"

张治宏正待发言，头上就"嗖嗖嗖"飞过从敌舰打来的炮弹，其中三发在不远处爆炸，震耳欲聋，说话的声音也听不清。人群一阵恐慌，谷文昌起身说："这是敌人乱打炮，压根没有目标，别理他，继续开我们的会！"

张治宏说了几点：敌人在做临死前的挣扎，我们就要胜利啦！守岛部队不怕牺牲，为保卫东山而战，我们要组织医疗队、民工担架队，到前线抢救伤病员。我和谷县长亲自带领各区乡镇干部立即上前线……

谷文昌就粮食和物资供应情况及库存粮食与组织调运、向云霄和诏安两县"求援"情况，明确指出：这些问题不能疏忽，要立即办好，保证供应。

最先增援进岛的部队是驻漳浦旧镇的二七二团，团长郑克诚原先就是东山的守将，两个月前才让位给游梅耀。郑团长和谷文昌原就熟悉，郑团长对谷文昌说："水兵连英勇，敌人的伞兵也尝到了东山民兵的厉害！"

谷文昌听了表扬，得知敌伞兵垮了、八尺门已安然无恙，爽快大笑："军民团结，东山不好惹！"

二七二团进岛后，情况大为改观。进攻410主阵地的敌人，在死伤营长等百余人后，又把在海滩担任警戒的一个团给拉上来，但连续反复冲锋，使出了吃奶的劲，尸体都快把连接壕填满了，还愣是翻不过阵地。

16日晚8时许，四十一军的一个先头团疾速赶至八尺门渡口。翌日晨4时，二十八军的先头团也开始渡海进岛。根据叶飞命令，不待增援部队全部到达，即向敌军发起全面反击。

敌人受到守备部队顽强阻击，企图几个钟头占领全岛的谎言破灭后，就像泄了气的皮球。待解放军增援部队陆续进岛，展开反击战，哪还有什么斗志，全线崩溃，纷乱地逃向海边。7月17日下午7时许，胡琏眼见大势已去，灰溜溜地在指挥舰上下令撤退。

历史记下了胡琏所部像退潮的海水一泻而去后留下的残渣：被歼3379余人（其中俘715人）、炸毁坦克2辆、击沉登陆舰3艘、击落飞机2架，而且一仗就将只有2个旅2000余人的国民党伞兵部队报销了四分之一。

解放军增援部队源源进岛，支前工作不能有闪失。每个部队都来要民工、要物资，而这个时候大部分民工都已上前线，留下来的人马不多，还要找汽车、搞运输。县里一时应付不及，只好让村干部赶快找人，来一个算一个，不管男女，有人就好。东山群众一听"支前"，二话不说，叫走就走,仿佛有自己一份是最大的光荣。两小时后,撤往云霄的一批干部带着谷文昌的命令已赶回,马上投入到接待进岛部队的工作中。

那几天,东山县各级干部都忙到深夜才轮流休息,吃一些东西,谷文昌也不例外,还几乎通宵工作。

7月18日中午,谷文昌在西埔召开会议,部署打扫战场、抢救伤病员等事,指出:"还要发动群众搞好支前工作,寻找敌军的散兵、流落人员,揭发检举在战斗中投敌、叛变的不法分子,以及给敌人带路、抓我乡村干部的罪犯。还要提高警惕,严防敌人反扑、报复,做好防空工作。"

布置完工作,谷文昌马不停蹄地前去县委开会。有人递给他几份宣传单,原来敌军刚一登陆,台湾"中央社"等新闻媒体就迫不及待地发布占领东山岛的"特大喜讯",广发传单说歼灭了东山共军、活捉了共党县长谷文昌云云。谷文昌笑着说:"我要让东山群众看一看,我这个县长还在和东山人民一起战斗呢!"

会议结束回到县政府,谷文昌叫上林嘉和通讯员吴南发等人一同上城关,气定神闲地从东街口来到前街、后埔山、打铁街、码头,再转到城关镇公所。一路上都有干部群众在打扫战场,谷文昌不时停下脚步,一边帮忙一边与群众亲切交流,给大家鼓劲。

敌舰上卸下的军用物资整箱整箱,堆积如山。有的村民亲眼看到,敌人败逃时为了抢上舰艇逃命,曾互相残杀,沙滩上几十具敌尸在烈日下膨胀腐烂。战火硝烟尚在弥漫,谷文昌的出现,犹如明星出场,又如英雄凯旋,吸引无数眼球,沿途都有人在交头接耳:"真是开国际玩笑,谷县长好好的还在,哪里被俘啦?"也有熟悉的人开起了玩笑:"谷县长你去台湾又回来啦?"谷文昌则说:"他们要抓我,没门!"一阵阵大笑,压下了海上传来的敌炮艇的轰轰响声,以及低空侦察的飞机马达声。

谷文昌带着林嘉等人回县政府路上,忽见眼前稻田有声响,一个黑衣人在田里爬,猛地大喝一声:"不许动,举起手来!"黑衣人边喊"饶命"边举起双手站起来,浑身颤抖地称自己是东山铜砵人,被国民党抓到台湾当兵,这次来就想趁机回家,没跟他们一起行动,更没打算再回台湾,却又担心共产党要杀他,只好躲在这里,两天两夜没吃东西,想去找点东西吃……

经搜身,对方没带枪弹,口袋里只有几块银圆。谷文昌便交代先把这人送到公安局报到登记,吃完饭弄清情况再送他与家人相聚。对方喜出望外,连声感谢。

谷文昌叮嘱公安和政工部门善待这些被国民党抓丁后开小差出来的东山人,还意味深长地说:"多几个人回来,寡妇村便少了一份悲剧。"

大家都听出了他的弦外之音。而"寡妇村"一步步脱离苦海,也正是受惠于谷文昌推行的德政。

对东山之役,蒋介石、胡琏和美国顾问都志在必胜。蒋介石为此不惜血本首次动用了刚接受过美国顾问训练的空降部队。胡琏登陆的消息传到台湾,蒋介石马上召开祝捷大会,向世界广播,吹嘘这是"反攻大陆的前奏",美方也宣称这是"国民党退出大陆以来的最大一次进攻",却没料到剧情反转,铩羽而归。十天后,《朝鲜停战协定》签订。

东山战后,台湾扬言报复。福建上自叶飞,下至游梅耀和谷文昌,都秣马厉兵,准备再歼来犯之敌。于是,东山依然紧张,从八尺门渡口通往汕头和云霄的两条公路,运载作战物资的汽车络绎于途。晚上,车灯大开,道路彻夜通亮,炮兵已经到位,炮口瞄准海滩。东山在严阵以待之中,台湾却自朝鲜停战之后,再没派出成建制的部队登岸作战,来对东南沿海进行"东山式的袭扰",再做"反攻大陆"的黄粱美梦。"西方公司"也逐渐停止支持台湾方面的活动,并于1955年在台湾关门。东山战斗由此成为国共两党在大陆的最后一次大规模作战。

战后七年,叶飞采纳谷文昌的建议,批准修建海堤以强海防,把八尺门与大陆连接起来,从此天堑变通途,孤岛成半岛。

三 立碑者：洒泪祭英烈

"为有牺牲多壮志，敢教日月换新天。"小时就爱读毛泽东诗词的我，对这一句过目不忘，能不知道这方新天是如何换来的，能不对烈士油生敬意！高中时在原中央苏区县的老家第一次面对革命烈士纪念碑时那庄严肃穆的情景，深深地给了灵魂一个烙印，成了我后来心无旁骛从事党史研究和红色文学创作的原动力。

2001年春节回老家时，我创作的刘永生将军传记即将落下帷幕，在纪念碑前鞠躬后，我便直奔龙岩军分区干休所，采访将军的老部下、东山保卫战指挥员游梅耀。

那也是我第一次听知情人讲谷文昌。

老红军游梅耀戎马一生，最得意的战斗还是亲自指挥的东山保卫战。翻查档案，战斗结束几天后，也就是1953年7月23日，叶飞在报告东山战斗胜利的意义及情况时，说：

"我们这次为什么能打得好，首先是前线指挥官不机械执行命令，照当地战斗情况需要，下决心打，不撤。前线指战员的极端坚强，这是国民党军队学不到的……这个结论，文章由边防八〇团来做，做得很好。"

游梅耀却没有贪天功为己有，他告诉我，之所以能有叶飞说的"打得好""极端坚强"，也是因为以谷文昌为代表的东山县支前工作"做得好"，成为驻军的坚强依靠。

游梅耀接受我采访时，离1991年福建省委已发出《关于开展向谷文昌同志学习的通知》刚满十年，老英雄特别强调谷文昌值得学习，他也要向谷文昌学习。

老英雄还说，东山保卫战后，谷文昌很重视庆功会，也重视纪念碑，目的都是纪念和致敬英雄，学习革命精神。谷文昌召开的地方庆功会他参加了，只是当纪念碑建成时，他已调离东山。建造纪念碑，也算是谷文昌帮他完成了一个心愿。有一年他回到东山，特地到纪念碑前献花，也向谷文昌献花。

且结合游梅耀的述说，回到那年战后的现场。

1953年7月19日上午，空气中还流动着炮火纷飞过后浓烈的火药味，谷文昌在西埔召开县政府各科局长会议，传达县委决定，布置当前工作，提出：继续做好战备防空和支前工作，机关转入正常办公，配合部队打扫战场，收缴武器和军用物资，搜捕零散敌兵和现行反革命分子。

强化社会治安，是谷文昌亲抓的一项工作，因为战后最先率团进岛慰问并传达中央军委和福建前线驻军领导机关嘉奖令的刘永生告诉他，毛主席说东山战斗是全国的胜利，这

★ 1951年东山县烈军属代表会议。谷文昌时任县工委组织部部长、县委5人小组成员。他对烈军属一向很关心，这在他担任县委书记后尤甚。

段时间中央及各省市都可能派人来东山慰问，社会治安务必做到万无一失。

谷文昌开始也并没有意识到东山保卫战如此具有全国性的意义。当毛主席说东山保卫战是"全国的胜利"，以及陈毅所说"不仅是军事上的很大胜利，而且是政治上的很大胜利"传开后，当新华社在广播东山战斗时用上"巩固海防，巩固国防，保卫世界和平"等话语后，当中央军委号召全国边防团向东山公安八〇团学习后，他很快就理解了其中含义：东山保卫战是蒋介石在美国指示下意在破坏朝鲜停战协定签订而进行的一次侵犯，敌人的惨败就是我们的胜利，这个时候的打仗不是一个地方问题，而是代表了一个国家。

果然，中央对东山前线的慰问超乎寻常。特派地质部党组书记何长工，带领从朝鲜战场回来的志愿军文工团，于7月底登岛慰问，演出《我的丈夫是英雄》等节目。在此前后，全国各地文艺团体纷至沓来上岛慰问演出，东山这个英雄岛的名字一时闻名海内外。

省委、省政府为守岛部队举行庆功大会后，东山县自身的庆功大会也在紧锣密鼓地筹备中。谷文昌认为，参加保卫战的指战员得到了毛主席和中央军委的嘉奖而士气大振，作为地方党政，也该对在此战中功不可没的干部群众评功授奖，这样有助于更好地促进今后的支前工作。为此专门成立的县评功委员会，吸收各部门主要负责人参加，分工负责，整理出具体而详实的立功授奖材料。

面对强敌陆海空优势兵力的联合进攻，东山干部、民兵和群众在配合守岛部队作战时，产生了多少英雄事迹呀！他们的流血、牺牲，莫不表现了东山军民同仇敌忾、团结战斗的爱国热情，勇往直前、无坚不摧的英雄气概和奋不顾身的牺牲精神。这种精神理应大力弘扬，并化为今后保卫海疆、建设海岛的动力。

一个月后，8月19日，东山县各界民众在西埔广场隆重举行"东山保卫战庆功大会"。谷文昌在致开幕词时说："为了庆祝东山保卫战的胜利，总结交流支前参战的经验，继续加强巩固海防，保卫东山，保卫祖国和世界和平，争取更大的胜利，召开庆功大会是非常有意义的……"

掌声响彻在广场。

功臣代表相继发言，后林村民兵群众最是先声夺人。八尺门的反空降战打响后，他们在区委书记张迪民的带领下，荷锄持刀，配合水兵连毫不畏惧地迎战敌伞兵。农民林大富手持一把菜刀，和民兵林卓生一起从敌伞兵手中夺得一挺美式轻重两用机枪，架在村口发挥了威力，连同民兵原有的十几条步枪，守住了村庄。

村民回忆说："我们紧张一阵后，才辨清挂在花伞上的是装备，挂在白伞上的是敌人，他们背着枪，举着双手，拉着伞带，一个个往下落。我们有枪的就拿枪向天练打靶，没枪的就拿着菜刀、扛起锄头，抡起斧头和扁担，追击立足未稳的敌人。"

……

会上，谷文昌等领导向功臣人员颁奖。计一等功臣11名，二等功臣32名，三等功臣80名，四等功臣23名，另外还对16个支前模范单位授予锦旗。大会还通过了给毛泽东主席、朱德总司令、志愿军司令员彭德怀及全体指战员的致敬信。

一场声势浩大的地方庆功会所展示的精神气质,告诉这里的每个人、每棵树、每根草、每个山头和岛屿、每一片海、每一片云、每一阵风,也告诉世界,这里有一片人民战争的汪洋大海,不教胡马度东山。

战后,谷文昌更是狠抓民兵建设,东山很快有了一支海岛女民兵。

东山保卫战时的妇女支前标兵吴牡丹,成了岛上第一支"红色娘子军"——澳角村妇女基干民兵连连长,还在东山开创了妇女出海捕鱼的先例,给渔业战线增添了一支生力军。1956年她当选为福建省优秀民兵、全国青年社会主义建设积极分子,受到毛泽东、刘少奇、周恩来的亲切接见。

海岛女民兵的故事还被搬上银幕。1955年,"东山英雄八少年"的代表林东秀也被评为全国"建设社会主义积极分子",赴波兰华沙参加世界青年联欢会。1960年,全国民兵代表大会上,东山县4位民兵被评为全国民兵先进个人,后林大队民兵营被评为全国民兵先进单位。

谷文昌向上级汇报时,用上了一首打油诗:"东山民兵斗志昂,枕戈待旦守海防。豺狼若敢来窜犯,杀他片甲命难逃。"

东山保卫战胜利后,毛主席表示祝贺之时,也提醒福建方面,你们头脑要冷静,不要轻敌,现在美帝蒋介石就是看中你们福建。我们还要准备比东山更大规模的战斗,把敌人消灭在水上,如上来了,消灭他在陆地上,不要怕。

★ "备战备荒为人民",谷文昌主政时期的这个海岛,有一种天然气息。这些朝气蓬勃的渔家女儿,放下锄头就是海岛女民兵。

★ 东山县民兵授枪仪式——带枪的县长谷文昌还兼任东山海防指挥(谷文昌担任县委书记后一直兼任守岛部队政委)。东山海防坚固,与民兵建设密切相关。

是战，解放军伤亡、失踪计1250人。初听这个数字，谷文昌沉默了，眼前飞扬着一个个熟悉的脸庞，闪现出年轻战士在自己身边倒下的一幕幕。而后，他每去部队慰问，每去一个高地，总能从指战员和协同作战的民兵那里听到那些浴血奋战、粉碎敌人狂妄野心的故事。

他听说了，当北路之敌企图攻占410高地时，六连指战员英勇地在前沿与几十倍之敌奋战，从湖尾、樟塘到马鞍山节节阻击数小时。敌尸都快把连接壕填满了，战斗的残酷性也可以通过六连的伤亡数字反映。全连142人，死伤134人，其中死亡31人，重伤致残23人，负伤80人，失踪3人，仅5人未受伤。一仗下来，光司号员就牺牲了七八个。

他听当时担任短枪班副班长的县政府秘书林嘉说，当短枪班往坑北到径口时，听说守庙山的一连被敌军包围，情况紧急，曾决定参加战斗，见几个民兵被打伤退下来，只好背着他们往后撤。后来才知，南路之敌疯狂攻击庙山时，一连连部及一个排与敌激战两个多小时。连长与敌肉搏而死，通讯员抱着炸药包与敌同归于尽，连指导员亲自打迫击炮而负重伤。这场恶战歼敌147人，打乱了敌人的作战计划，出色完成了阻击任务，驻守于此的一连36名指战员大部分壮烈牺牲。战斗结束之后，谷文昌曾亲自登上庙山，看到英雄们的鲜血染红了石庙，庙前的刺桐树弹迹密布。

他也听说了，战后被追认华东军区战斗英雄的张学栋是如何成为"黄继光式的战斗英雄"……

他们都是保卫东山的英雄啊，听着这些故事，谷文昌流泪了。持续36小时的东山保卫战，以敌人的惨败而宣告结束,但我们的巨大胜利背后也有巨大的牺牲啊!"

战后,省民政厅拨款在东山石坛铺小山丘上修建烈士陵园,县里承担烈士殡葬工作。在这中间,谷文昌每次经过这些战地,不管是步行,还是骑自行车,都会不由自主地驻足,或下车,脱帽鞠躬,寄托哀思。在这中间,每一个在中途遇见的弹壳,似乎都在风中如泣如诉昨天的故事。

烈士的坟墓分散在石坛、城关、西埔等处,云霄、漳浦、漳州沿途也都有烈士墓——他们大都是增援途中遭国民党军空袭的阵亡者,或渡海作战时的牺牲者,为了告慰英灵,激励下一代,谷文昌想着应把分散在各处的烈士坟墓集中起来安葬,还应给参加东山保卫战的烈士们树碑,让他们顶天立地,化作英魂继续守卫东山,真正是"天地英雄气,千秋尚凛然"。

东山保卫战近两年后,1955年4月,谷文昌担任了东山县委书记,并兼任驻岛部队政委。他在贯彻毛主席"头脑要冷静,不要轻敌"的指示时,也不忘叶飞的叮嘱:"沿海部队不要松懈,要经常保持战斗化,地方上还是'紧张的地方去紧张,不需要紧张的地方不要去紧张',以保证和平建设工作的正常进行。"

于是,东山军民一方面坚持海防对敌斗争,另一方面掀起改天换地、重整山河的生产建设热潮,以东山保卫战的精神,向风沙灾害开战,向贫穷落后开战。在只争朝夕中,为烈士建碑的想法无时无刻萦绕在谷文昌心头。

有着共同心愿的还有驻岛部队团长游梅耀等人。因为种种原因,东山烈士陵园在战后数月就建成了,纪念碑却一直没有着落。1956年,游梅耀奉命去解放军军事学院学习,就把纪念碑的事拜托给了谷文昌。游梅耀毕业后担任福建南平军区副司令员,离开了东山,仍然牵挂此事。

未了的心愿灼得谷文昌心头发烫。在指挥修建八尺门海堤时,他心里就在盘算着接下来如何建造东山战斗纪念碑。眼见海堤建设得到了叶飞的赞赏,他趁机郑重提出在东山保卫战胜利十周年时建烈士纪念碑。没想到,一下就说到叶飞的心坎上,立即拍板从省"民政经费"里拨给20万元。

为了赶在第二年也就是东山保卫战胜利十周年之前完成纪念碑的设计建设任务,谷文昌又主持展开了一项攻坚克难的工程。

1963年7月16日,东山保卫战胜利10周年之际,东山战斗烈士陵园重新修建,用花岗岩砌建的"东山战斗烈士纪念碑"按时在石坛的烈士陵园巍巍矗立,碑的背面镌有叶飞题词"烈士英灵雄镇海疆"。

阳光闪闪,题字者叶飞拾级而上。纪念亭柱子上刻着一副对联:"赤胆赴疆场敌忾同仇鏖战阵云凝碧血;青山埋壮烈忠魂犹在遍观旭日照红花。"叶飞驻足,凝眸,良久道:"这对联,正是英烈们的写照!"

东山县同行告诉我,他读小学、中学时,和同学们在每年清明前后都会前来扫墓、献花。从铜陵步行至此虽需要两个半小时,他总也乐此不疲。

当地一位朋友也告诉我,省里一位老干部在他陪同下曾数次来纪念碑前,为东山保卫战中牺牲的堂兄哭祭,这个纪

★ 东山战斗烈士陵园及纪念碑。这里记述着谷文昌敬重英烈的情怀。敬重他人者人恒敬之!

念碑建起后,让许多人的哀思有了地方寄托。

建碑工程浩大,但谷文昌没有避事,这里有他对烈士的敬重。在他的意识里,每一个人的牺牲,都不应轻如鸿毛,而要让他们死得庄严、伟大、有意义,要让后人永久纪念,不忘革命先烈,并以之成为一种精神力量。他身边的老人都说,谷书记对英烈的纪念和崇敬,完全发自内心,绝不搞花样,只要他在,每逢东山保卫战胜利周年,都会组织大家纪念。

当年躺在陵园里的烈士,不少人连姓名都无从考证,他们都是为信仰而九死无悔的无名英雄。在烈士陵园和纪念碑上,找不到谷文昌的任何留名和题字,为东山保卫战做过贡献的他,在这方面也是无名英雄。

所有有名和无名的英烈,都值得人们颂歌。

在东山保卫战纪念碑前,我不止一次地告诉人们,这一战是猝然而至的,这个纪念碑是谷文昌提议并主持建成的。世上没有几件事是顺理成章的。为了给东山保卫战的英烈们树碑,谷文昌倾注了殷殷心血。

我也告诉人们,东山某个海堤竣工时也曾刻碑,上有谷文昌之名,但被谷文昌悄悄废止了。是他不喜欢树碑吗?也不是,他把自己那块碑刻在了人民心中。

四 建设者：南门海堤
承受风雨承受爱

2015年，我受上中学的儿子的邀请，陪他观看据说被很多年轻人叫好的青春电影《左耳》。

5年后的夏天，我到东山追寻谷文昌的足迹，也顺便带上大学在读的儿子，以使他接受红色文化和海洋文化的熏染。漫步南门湾时，意外得知，这部电影不少镜头就出自南门海堤，打卡者络绎不绝。

南门海堤海湾的自然景观，不期然成为东山独一无二的天然影棚。其实整个东山岛都已经是天然影棚，无声地向海内外影视界广发英雄帖。美在天涯有远客，只不知剧组们在喊着"我们来了"来此取景拍摄时，可否也有"前人种树，后人乘凉"的感触？可否有心了解一下海堤的由来，或者想象一下当年筑堤时那远去的号角？

南门湾的曾经存在和昔时气象，从"康庄大道，商店辐辖，民居栉比"到"浸为大海，桑田沧海"，大可依据《东山县志》（民国稿本）的记载来展开想象。

自晚清入民国，年年按人口征收建堤费，却不约而同地进了一任接一任贪官难填的欲壑。年年喊建堤，年年不见堤，这也是昔日南门湾的写照。于是，有人预言：长期下去，这个孤悬海上的海岛，或将被大海再分割为两个板块。这就把严峻的现实、棘手的问题摆在了人民政府面前，加固再加固，但每当强台风一起，堤岸又被冲垮，房屋又被卷走，田园又被吞没，一派凄凉。

从太行山麓到大海之滨的谷文昌，感受到大海的壮阔和威力，更感受到人民生命财产的神圣、县委书记的庄严使命。他想着建一道海堤，挽起南门湾海岸，护卫铜陵城区的安全，使之成为铜陵人民的生命之堤。

每年的台风季节总是如期而至。每年这时候，谷文昌总是站在风雨中。

1960年6月9日，百年不遇的12级强台风正面袭击东山，整个铜陵镇损失惨重，处于台风中心的南门澳更是首当其冲：古城内外弥足珍贵的多棵刺桐老树被连根拔起，"纶章垂耀"牌坊的压顶大石板也转瞬被掀翻。咆哮的巨浪冲上防沙堤，沿岸民居陷入一片汪洋。

台风稍减，暴雨余威未减，谷文昌在城关镇（今铜陵镇）党委书记李景棠等人陪同下，冒着倾盆大雨，第一时间赶来查看受灾严重地段。来到受灾户"肥茶"的住处，看到空空如也的一个家，谷文昌铁青的面庞紧锁，指示民政部门立即下拨救灾款，务必安顿好每户受灾人家。

谷文昌揪心地望着大海，望着海上漂浮的许多檩木、船板、床铺、家具，心情久久不能平静。

"彻底解决台风灾害问题才是长久之计！"谷文昌立下建造海堤、堵住浪口、造福当地百姓的决心，像是面朝太平洋自立军令状。

此际的他，在一手狠抓造林治沙时，还担任八尺门海堤建设领导小组组长。八尺门海堤再三强调勤俭建设，谷文昌未雨绸缪想着为南门海堤建设筹集资金。他没闲着，这个念念不忘无时不在回响的想法，在1962年9月再次强烈激荡在心中。

这年，是谷文昌到福建东山工作的第十个年头。9月1日，一场风力强度达10～12级的台风正面袭来。暴风雨中的一片残垣断壁，无家可归的受灾群众，让谷文昌看在眼里痛在心头。"建立南门海堤势在必行，时不我待，为了让这里的群众尽快脱离危险，无条件，创造条件也要上！"他说这话时，激情在燃烧，血在燃烧，眼里也有火在燃烧。

修建海堤的困难重重此前已盘算了，资金短缺最先需要解决。节骨眼上，省委第一书记叶飞来了，谷文昌用心良苦地带着叶飞深一脚浅一脚跋涉在被台风巨浪冲倒的废墟上。

海风呼呼地吹，海浪狂暴得像个恶魔，鼓噪着一个劲地冲来。置身海边，如闻千军万马嘶叫，这在年少时便越重洋从菲律宾回国、革命后闯过无数枪林弹雨的开国上将叶飞眼里，实在是家常便饭，视若无睹。但自然界要兴风作浪，摧残百姓，志在救百姓于水火之上的人民公仆可就不干了！叶飞挥手说："非得在南门湾筑起一道坚固的堤防不可，早一天建成都好！"

谷文昌马上召开工作会议，宣布成立南门海堤建设指挥部，决定由县委副书记王常保任指挥，副县长陈舜宗、城关镇党委书记李景棠等任副指挥。谷文昌动员时说："目前国家虽然还面临经济困难，但这是暂时的，情况肯定会一天天好起来。建设南门海堤面临资金、技术、施工难度三大困难，但这吓不倒我们，办法总是人想出来的，在无条件情况下创造条件上，这才是我们共产党人应有的作为。我们不仅要造林绿化挡住风沙，也要有'泰山石敢当'的勇气挡住狂风巨浪，保障人民生命财产安全！"

"办法总是人想出来的""无条件创造条件也要上"，是谷文昌的铮铮誓言，是他从内心深处、从血管里迸发的海誓山盟。他绝不是应景式的信口开河，而是言出必行、一言九鼎。

设计中的南门海堤，全堤长1204米，以著名的真君宫为界线，分南堤北堤。真君宫以南至河沟尾下江路为南堤，长720米；真君宫以北至角仔底为北堤，长484米。北堤多为水底作业，投资高，难度大。

建造一个稳如磐石的海堤，阻止海潮逐年入侵的步伐，是东山人特别是南门湾百姓几百年来的难圆之梦。孙子从爷爷那里就听来了旧政府的无能和连番愚弄，再望海兴叹地口口相传给自己的孩子和孙子。但这一次，对建堤之事近乎绝望的人们，却又被共产党燃起了希望的火焰，从县委书记谷文昌历挫弥坚带领干部群众实现荒岛绿化的壮举中坚定着信心，共产党和谷文昌在他们心中绝对有前所未有的向心力，不啻是他们心中的"救命稻草"。于是,一经号召,民众的多年愿望凝聚成全民行动的巨大力量。誓师大会上,"修建海堤,人人有责""讲大局,比奉献"等口号,吼叫得排山倒海一般。紧锣密鼓从各渔业大队抽调来三十多位壮汉组成"青年突击队"。城关镇的群众更是争先恐后到工地参加义务劳动,劳动号子响彻云天。

"民办公助,勤俭建堤"虽是建堤的新招,但计划经济时代,资金到底是个大难题,得由谷文昌运筹。

谷文昌不仅是个身先士卒埋头苦干的人,也是个善于十指弹钢琴的"领头羊"。他瞅准时机,把带队来检查八尺门海堤建设的省水电厅厅长曹玉琨,请到南门湾"看风景"。

出现在曹厅长眼前的,是"南堤"工地上一幕幕热火朝天的建设景象:壮汉们勒紧腰带,汗流浃背喊着号子扛大石;清一色由妇女组成的"穆桂英战斗队"巾帼不让须眉,有的孕妇甚至也来挑沙压堤;"罗成战斗队"里,一群"红领巾"来回穿梭抬小碎石;老人组成的"黄忠战斗队"队旗抢眼。曹厅长也看到了一大片受台风海水浸渍而泛白的农田。

曹厅长明白谷文昌的用意。一次次接触中,他深知眼前这位朴实无华的县委书记是个艰苦奋斗、干劲冲天、一心为民、深受民众爱戴的好干部,一听汇报,马上开门见山道:"老谷,按民办公助性质,南门海堤南堤这段我水电厅认领了,你说需要多少钱?"

谷文昌马上示意在旁的技术员小方拿出早已准备好的设计图纸和预算书,说是需要10.5万元。

曹厅长不假思索地说："就按这个数，分两年拨付，补助款列入'水毁经费'支出。另外，每个工日补助半斤粮票。"

谷文昌听后欣喜地紧握曹厅长的手不放。在那个年头，粮票的身价可是比钞票还高啊！而且，一般农田受灾面积要达万亩以上才能得到省里"水毁经费"的补助，否则由地县自行解决。

省水电厅以特殊补助的办法帮助解决资金困难后，南堤开足马力加快工程进度。为求质量过硬，工程指挥部重金聘请市工程设计院总工程师陆沁如为监理，全程跟踪监督工程质量。据查，陆沁如月工资138元，为全县最高者，在那时放在全国也是高薪了。在讲奉献的年代，谷文昌竟然能如此批准物质激励，也算是另一种担当了。这位来自上海的总工牢记谷文昌的叮嘱，坚持原则，该返工坚决返工，不负众望地替谷文昌看住了工程质量。

谷文昌的身影不时出现在设于真君宫破庙内的指挥部，不时栉风沐雨在工地上与工人们同吃同住同劳动。开挖地基遇到潮水和海浪侵蚀等难题时，他也参加现场"神仙会"，听取大家的献计献策。最终采纳的是施工人员大胆革新创造的"闸板法"，从而顶住了浪潮的进逼，保证了工程顺利进行。

眼看南堤雏形在望，谷文昌一心要把南门海堤中的北堤的修筑提上日程。北堤的工程量和难度都更大，国家的困难谁都知道，再向上申请资金不现实，"等米下锅"只怕要歇菜，怎么办？

1963年春节过后，叶飞再次莅临东山岛，在视察八尺门海堤、沿海防护林带、湖尾地下水之后，又被谷文昌带到了建设中的南门海堤。叶飞看着日夜赶工不到一年就基本竣工的南堤，深深地感动了："我们共产党人就是要为人民造幸福堤！"

谷文昌不是为了听叶飞夸赞，而是另有盘算，希望得到一个"特批"。他抓住时机汇报："在不增加国家财政负担的情况下，请求省里同意将建设八尺门海堤节余的资金用于南门海堤建设，不足部分由县里想办法，由自筹资金和义务工来解决。"

叶飞问起八尺门海堤建设资金，谷文昌汇报了八尺门海堤的节余27万元后，说："我们是'别有用心'地开展节余，但要挪用也需省委同意。这是财政纪律，必须坚决遵守的。"

叶飞听罢谷文昌如是"运作"，爽朗地笑了："好哇！我起初还以为你是要追加八尺门海堤经费，没想到节余这么多。大海堤带小海堤，一项投资，二处收益，我没意见，同意调拨给南门海堤使用。"

谷文昌有所不知，他的做法与叶飞当年"承包"修建厦门海堤节省300多万元工程款如出一辙。新中国成立初期的厦门工业，靠着这笔余款的补充而得以较好改造和发展起来。

叶飞当即指示同来的省财委书记杨文蔚："我看可以从支前经费里给他们补足30万元，用于海堤建设。"

叶飞的视察和支持，给了谷文昌和建设者们莫大鼓舞。

有了资金上的保证，海堤建设掀起新高潮，三大班组开展劳动竞赛，月评季奖，比学赶帮，冲天的干劲犹如浪潮，一浪高过一浪。

与其他建设不同，建堤的速度事关成败。谷文昌要求南门海堤主体工程务必在第二年台风季节到来前完工，否则可能功亏一篑。

要和台风抢时间！南门海堤进入关键时刻，每一天都不得等闲视之。谷文昌在一次县扩干会上，对八尺门海堤负责人何荣玉说："你抓紧处理八尺门海堤的扫尾工作，转到南门海堤任副指挥，无论如何都要以台风的速度对付台风！"

两天后，何荣玉就带着麾下"五虎将"，风尘仆仆转战南门海堤。

何荣玉来了之后就提出定额加奖励等管理形式。在那个"政治挂帅"的年代，如此物质激励让一些领导颇有微词，谷文昌却说："这样一个管理形式不是空穴来风，是何荣玉走群众路线，搞调查研究而来，非常时期我看可以支持！"

非常时期，大胆地提出和批准这个管理形式的人，其胆略和勇气同样令人钦佩。

工程呈现了快马加鞭、突飞猛进的势头，但从小岛屿开采来的石块却受天气制约跟不上运输，工程将面临停工待料之势。谷文昌接到报告，马上找何荣玉等人会商，同意从八尺门海堤调来十多艘专用运载石头船只，乘风平浪静空隙抢运石头，保证工程照常作业。

齐心协力下，一一破解了资金、技术、施工等难题。终于，一弯长虹在台风季节来临之前，雄卧于铜山古城之下的东海之滨，用坚实的臂膀挽起大海。1963年6月30日，新的南门海堤成功抵御了第一个强台风。消息令人振奋，铜陵人民几百年的夙愿得以实现，那一刻，他们的欢呼声胜过巨浪的咆哮。

1964年初，南门海堤基本竣工。全堤为护砌石堤，堤顶高度六七米，顶宽三米，防波堤体长一米，内外边坡比例各为1∶3，总投工近27万个工日，完成土石6万多立方米。指挥部办公室有意勒碑刻铭纪念，以记录创业之艰，并启迪后人奋勇前进，再创辉煌。碑石特选漳浦"梁山青"水磨石材，碑文不乏颂扬谷文昌的内容，却听说"上面"不同意立碑。后经知情人披露，其实正是谷文昌不愿突出自己而授意取消。后来据家人介绍，那次谷文昌倒是破例为全家人煮了一桌地道的河南老家特色菜，难得哼起了小曲儿。

南门海堤用它坚强厚实的身躯，不屈不挠地一次次击退各种名号的台风袭击和天文大潮侵蚀。1300多户城镇居民、2200亩农田和学校、工厂、仓库等生命财产，从此有了自己忠诚、勇敢的保护神。数十年来的每一次暴风雨，每一场腾空浊浪，都可以作证，南门海堤在真正地保境安民。

"金杯银杯不如老百姓的口碑，金奖银奖不如老百姓的夸奖。"时光流逝，岁月荏苒，半个世纪的风浪过去了，任凭未来的风浪如何到来，这条海堤仍顽强地屹立于海滨，连同谷文昌建堤往事，妥妥地成为这方天地的金牌佳话。

在谷文昌身后，南门海堤虽经不断维修、改建或加固护砌，并建成全省第一个防汛实时电子监控系统等，可谓倾注了政府和民众的殷殷深情和几代人群力，但仍不改原来模

★ 微雨中的南门海堤——谷公堤。风平浪静中,谁能想及当年的惊涛拍岸?

样，我仍愿意称之为"谷公堤"。

又是一个夏日。沿着横卧在铜山古城下、坚守于东海岸上的长长海堤，走向南门湾，但见这里海湾辽阔，绿树成荫，金色沙滩跟着一望无际的大海延绵不断，远处海天一色，波光粼粼，白帆点点，近处拉山网号子声此起彼伏，南国滨海风光的特色让人一见倾心。

我却更在意延伸在脚下那一座无字记载着民生工程的丰碑。回头看儿子晒出的微信，说是不小心落进了天空之境，这里是足以媲美任何网红地的绝美海湾。倒希望他今后介绍时，会说：这里也是当年谷文昌带领东山人民修堤坝、植树造林、抵抗风沙的战场……

五 南下干部：不负初心和使命

1949年元旦，毛泽东主席在新年献词中发令"将革命进行到底"，河南林县十区区长谷文昌感知这年必将是中国历史翻天覆地的一个分水岭。

当"打过长江去，解放全中国"的激昂口号，连同中共中央关于从老解放区选调5.3万名干部分配到新区领导建设的决议在中原大地回响时，谷文昌的心扉被撞出了火花。关键时刻，共产党员应当听从党的召唤，他热血沸腾地报名南下。

33岁的谷文昌其实可以不用这样自愿报名，毕竟这个时候的他，上有老下有小。小脚母亲年逾六旬，身体一直不好，谷文昌南下的话必然难以尽孝；他女儿才8岁；妻子有孕在身，还有一个小生命等着揭晓……解放了，分田了，日子一天好过一天，祖祖辈辈梦想中的老婆孩子热炕头已经实现，何必离家千里再奔波呢？不独谷家兄弟，许多符合条件的农民干部也都有此想法。

谷文昌说的却是:"县委书记、组织部部长都带头报名南下哩。人家背井离乡来林县领导咱们闹革命,解放咱们之后又要随军南下,这是榜样哩!咱是共产党员,不能光顾自己,也要为党尽心,为江南老百姓的解放尽份力。"

谷文昌很快填写了"南征政民工作人员登记表",在"家庭有何困难"一栏里填上"没有困难",在"照顾家庭的依托人姓名"一栏写上"依托兄弟谷文德"。继而又联合6人向组织递交了一份写在烟盒背面的"保证书":"每人家庭早有准备,不会拖后腿。阴历正月初九早饭后在十区署集中,保证当天下午在平房庄报到。"

在林县石板岩乡郭家庄隆重的欢送会上,谷文昌庄严表态,句句铿锵:"我已下定决心,不解放江南老百姓誓不回来!绝不给家乡丢脸,决不辜负父老乡亲的期望!"太行赤子舍家为国、力挽河山的志气盈盈,忠贯日月。

1949年4月下旬,在原中共晋冀鲁豫中央局所在地武安参加了一个多月学习培训的谷文昌,跟随从太行、太岳地区选调的4000多名青壮年干部组成的长江支队,踏上南下开辟新区的征途。谷文昌的职务是第五大队三中队五小队队长兼党小组长。

长江支队原本说是要接管苏州、上海一带,而后又说要随二野进军大西南,最后的命令却是随三野十兵团南下福建。大家在苏州张家花园集结待命时听此决定,引起一阵思想波动。福建在哪?福建是什么样的地方?有人找来地图一

★ 1960年，谷文昌（二排中间戴帽者）又站在了带着他们南下的新中国第一任福建省委书记张鼎丞（一排中间，时任最高人民检察院检察长）身后，妥妥地告诉老领导，革命路上没掉队！

看，不觉惊叫起来：福建在天涯海角不说，连根红线（指铁路）也没有呀！有人还去书店买来相关图书，介绍福建的两句顺口溜很快就传开来了："天无三日晴，地无三里平，人无三分银""地瓜当粮草，火笼当棉袄，三头蚊子能炒一盘菜"……

越说越玄，越说越使北方人犯怵，福建简直是块瘟疫盛行的蛮荒之地！恶劣的自然条件给不少人泼了冷水。有人瞻前顾后，心里犹豫；有人大发牢骚，称病要求留在苏州；有人干脆不告而别，三十六计走为上。

望着苏州城闪烁的霓虹灯，一些同乡的眼光迷离了，动摇情绪犹如河边升腾的水雾在飘摇，谷文昌却毫不含糊地说："当逃兵是一辈子的耻辱，咱们要经得起一切考验，把革命进行到底，才不给咱老解放区的人民丢脸！"

谷文昌也在党小组会上做队员们的思想政治工作："共产党员，党说要去哪里，就去哪里。""咱们既然宣过誓要服从毛主席、党中央的安排，解放全中国，就不能挑肥拣瘦。福建是中国的一部分，再困难咱们共产党人都有责任去解放、去建设！"

谷文昌对"共产党人"这几个字深刻的理解，鼓舞了士气，坚定了一些思想波动的战友继续南下的决心。

6月中旬，拟任福建省委书记的华东局常委、组织部部长张鼎丞来到苏州，向长江支队全体干部作了一场关于形势和任务的报告。几句朴实无华的开场白把全国形势勾勒分明，与会者受到鼓舞，张鼎丞语声铿锵地说："其实，福建不像传说的那么可怕，北方的同志可不要把咱福建看扁哦。

福建山多山大，福建的山上有木材，有果树、茶叶，山清水秀，富饶得很呢！还有红旗不倒的老苏区，那里的人民浴血奋斗了几十年，觉悟高，情义重，正盼望着早日解放……共产党人四海为家，哪里有困难，就到哪里去。党期待你们把老解放区的光荣传统带到新区去，为建设新福建作出贡献！"

在热烈的掌声中，有人情不自禁地喊起了口号："将革命进行到底！""到最困难的地方去，为解放和建设福建作贡献！"谷文昌更是热血沸腾，恨不得明天就插翅飞到福建去。

7月13日，十兵团司令员叶飞率十万雄师拔营起寨不久，长江支队也在张鼎丞的率领下，分成6个大队从苏州出发，冒着酷暑浩浩荡荡地挺进福建。谷文昌背的行囊除了衣服、蚊帐、粮袋，还有一本学习笔记，一路上总不忘见缝插针地向文化程度较高的队友们请教。

南下的不测风云，远不止是随时而至的倾盆大雨把大家淋了个里外透，更险恶的是国民党一路如影随形的轰炸和袭击。谷文昌乘坐的列车在沪杭线上奔驰至长安镇时，突遭两架敌机俯冲扫射，五大队车厢被打穿了好几个洞，当场有三人牺牲、十多人受伤。在国民党特务头子戴笠老家江山县再遇空袭，又有七八位队员死于特务黑枪。谷文昌悲愤不已，挥拳怒吼："坚决为死难的战友报仇！"

铁路遭敌破坏，从江山开始，大家只能靠双腿走路。千里步行，时值酷暑，许多人的双脚很快磨出了血泡。谷文昌脚底与鞋底粘在一起，军装上印出一片白花花的盐渍，在他

★ 只读过几年私塾的谷文昌，参加革命以来，在党的教育下、在不断加强政治学习和学以致用中，自觉成长为忠诚的共产主义战士。

咬牙向前中，肺病发作，又经雨中行军的滑倒爬起，高烧也就缠住了他。战友们劝谷文昌坐担架或马车，面庞清癯的他却说："老毛病了，顶一下就过去了，不要紧！"

新塘边是进军福建的最后一站，越过闽浙交界的仙霞岭就到闽北浦城县。长江支队的番号至此撤销，正式成立的福建省委对长江支队各大队进入福建后的接管地区进行了分配。谷文昌所在五大队为五地委，负责接管龙溪地区（今漳州市）。

一天晚上，谷文昌和几位乡亲队员信步走在田埂上。望着月光下苍茫的群山，听着夏夜田野的蛙鸣，大家不免触景生情。有的说"家里今年不知会有什么样的收成"，有的说"咱家地里那些活，看来得请人帮忙哩"，有的说"过了浙江，离老家真是越来越远了"，有人还悲伤于林县老乡秦德修南下时的不幸身故。

眼见思乡之情如夜色那般越发浓重，谷文昌在说了思念母亲之后，也不失时机地说："咱们是革命干部了，不能老是儿女情长，在武安学习培训时不是表了态嘛，干革命就得准备牺牲个人的利益，甚至生命，哪能尽想自家的一亩三分地呢，待革命成功了，全中国都是咱们的家！"

根据上级统一部署，各大队进行了一次思想小整风。南下以来暴露的各种思想以及半截子革命、动机不纯的个人想法，全都摆了出来。谷文昌说："我苦生苦长在河南，小时放过牛，逃过荒当过乞，稍大当过长工，成了石匠，要不是迎来共产党解放，哪有今天的福。吃了三天饱饭，不能就忘了西北风冷不冷，今后要不带私心搞革命，一心一意为人民，把党的恩情传送给更多的人。为了这个目标，我即使流血牺牲，也绝不后悔。"每个人说完，领导和战友们便和风细雨地对症下药，解剖麻雀。这样的思想整风，让谷文昌的灵魂受到极大触动，感到天空一片纯净。

9月23日，五大队到达刚解放的漳州。几天前在泉州时，谷文昌所在的五小队等3个小队已受令从三中队抽出，成立以郭丹为书记的中共东山县工作委员会（简称县工委）。谷文昌和37位南下干部奉命接管福建最南端的海岛东山县。

南下路上，谷文昌那本蓝色硬皮笔记本记了不少东西，首页工工整整地抄着《国际歌》，第二页抄录了毛主席关心穷人的故事。再往下，画着东山岛的地图，上面标注着许多村庄的名字。谷文昌在抄录"起来，饥寒交迫的奴隶"这句歌词时，对"奴隶"二字重重画了个圈。一个唱着《国际歌》参加革命的共产党人的思考和决心，尽在不言中。

我采访过长江支队不少老干部，他们都说，历时大半年、从中原腹地长驱3000公里的风雨南下，从体魄到灵魂都得以脱胎换骨，革命大熔炉铸就了他们的人生观和世界观。

后来成为全体共产党人榜样的谷文昌，更如是！

东山县工委成立后，谷文昌有了新职务：东山县一区（城关区）区委书记。但没法马上赴任，因为这时的东山县还没解放呢！说是完全没解放也不对，当时还属于东山管辖、后来划归漳浦县的古雷半岛，就已经插上了红旗，划为

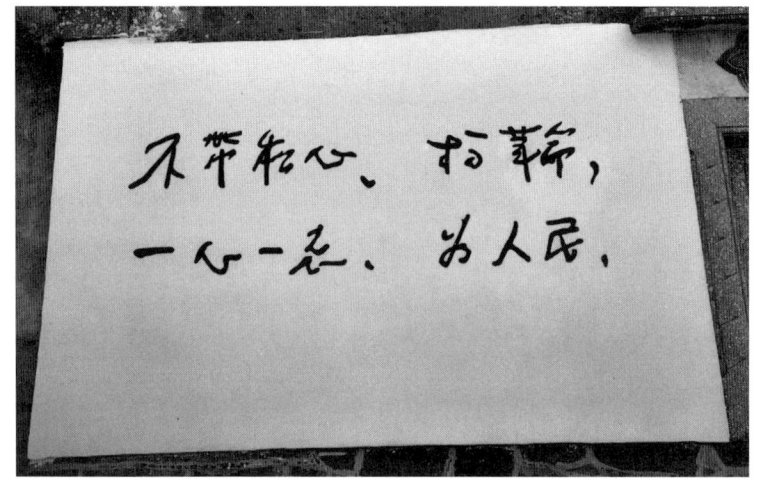

★ 谷文昌自书座右铭:"不带私心搞革命,一心一意为人民。"

★ 1950年6月13日,在东山解放一个月后,一区区委书记谷文昌(中)和二区区委书记王虎(右一)、三区区委书记罗全贵(左一)在进岛后第一次留影。他们都是河南林县籍南下干部。

一区。谷文昌未进东山岛,先到古雷,带着精干的工作组在此工作,熟悉东山情况,时不时也到云霄县城的天主教堂,向借用那里办公的东山县工委汇报并领受任务。

古雷是作为解放东山岛的一个进攻出发点。古雷古雷,谷文昌想着很快就会有一声春雷,炸开东山的万古长夜。

1950年5月12日清早,在中华人民共和国成立8个月后,嘹亮的军号点燃了东山解放之雷。信号弹亮如日月地升起在古雷上空时,谷文昌跟着解放大军跃上了木舢板,一往无前地跨海向东山而来。这一来,从此难做平凡人!

六 施政者：『寡妇村』阅尽德政和民心

初登东山岛，谷文昌在一张张热情相迎的笑靥上，也明显看到了百结的愁苦。雷鸣般的掌声中，分明夹杂着一丝丝怨意：你们怎么不早些来呀！

走马上任城关（今铜陵镇）区委书记，辖区铜砵村（今划为康美镇）刚遭受了一场人间惨剧。上岛即闻的一声声埋怨，顷刻间又在谷文昌耳旁如雷般炸响："解放军同志啊，你们怎么不早来两天呢？"

原来，国民党驻军在撤逃前夕，对东山进行了最后的疯狂劫掠，大搜粮、大抓兵、横征暴敛，而且就在前天夜里，突然把只有200多户的铜砵村给包围了起来，以查户口为名，强令村民到古榕树旁的黄氏家庙前集中，然后挑出147名男性青壮年，押着经过古榕树，步行去海边上了兵舰。

刘阿婆拉着谷文昌的手，径直来到这棵榕树下，絮絮叨叮讲详情。在她伸手来拉时，谷文昌完全听从，貌甚谦恭，形同子侄。自踏上这个岛屿，自来到群众中间，谷文昌就把自己完全交给了人民。置身于此，他完全放心。

剑眉紧锁中，谷文昌甚至可以想象前天发生在榕树下的情景：在敌人架于路边的机关枪口下，在寒光闪闪的刺刀面前，村里147名青壮年被捆绑成串，押上军舰，任由妇孺们在身后呼天抢地号哭，消失在黎明前的海天之间。

"我的丈夫不知被国民党抓到哪去了，求求解放军帮我找到后带回来。"全村百余名妇女悲痛万分，她们有的新婚宴尔，有的才刚订婚。

"我的儿子叫×××，恳求解放军见到后不要打他，叫他回来，就说做娘的想他都要想疯了……"

痛失至亲的人们泪落如雨，面对他们的诉求，谷文昌满口答应。这个时候的他，和所有南下干部一样，听不太懂闽南话。面对南下干部进岛后和东山百姓因语言不通而带来的交流障碍，谷文昌在古雷就未雨绸缪地提议：要少说多做，甚至可以不说，通过实际行动让老乡知道党的政策是什么；遇到老乡对政策不理解，就多鞠躬，多微笑，少辩解。

在云霄，在古雷工作点，谷文昌已摸到了此前国民党抓壮丁的一些情况。无独有偶，西埔二区区委书记王虎、前何三区区委书记罗全贵，也都在侦察和摸底中发现了辖区内出现的同类情况，并先后向上级提出过应急措施。谷文昌实地调研后，才知事情比想象中要严重。哭声让他感同身受，他听不得百姓的哭。在耐心听完壮丁家属们诉说各自的悲欢离合后，谷文昌表示共产党和人民政府会尽力提供帮助，解决她们的生活难题，鼓励她们增强对生活的信心和勇气。

离开铜砵村村口这棵有300多年历史的古榕树时，谷文昌心情很是沉重。原先在古雷时说好接应的几位东山青壮年都不见了，八成也是被国民党当壮丁拉走了，他为他们的命运担忧，也为他们的家庭失去顶梁柱后的生活而揪心。古榕树啊，你见证了铜砵村那一段惨痛的历史，也请你继续见证今后每一天发生的故事吧，我一定也要站成一棵树，为这里的老百姓遮风避雨。

有关壮丁家属的对待，虽然彼时在东山县一线工作的三个区委书记皆有建议，东山县工委进岛前也大致达成了某项认识，但建政肇始毕竟不可能那么具体，而且全县此类"家属"面大，铜砵村的惨剧更是突如其来，政策的落地面对具体情况，在递进过程中"犹抱琵琶半遮面"也好，停滞也罢，只能拭目以待。

此后，谷文昌在发动铜砵村妇女互助发展农业生产时，也派出医疗队为老人小孩治病，但也有不同的声音传出并提醒他："老谷，这些可是壮丁家属啊！"

随着剿匪、反霸、镇反斗争如火如荼地开展，这个声音越来越强烈。一些干部群众将壮丁家属视为不安定因素、危险分子甚至敌对势力，出现了歧视加监视的情况，"敌伪家属"的称呼不胫而走。

一个要给壮丁家属正名的大胆想法，却也在谷文昌心中越来越强烈。他与县有关领导交流意见。领导有其担心的理由：东山刚解放不久，海面很不平静，岛上敌特活动频繁，时见刀光剑影，谁能保证敌特不和这些壮丁家属联系？

全国范围的土改之后,开始划成分,"敌伪家属"在城关区划与不划之中僵持。谷文昌划不下去。照两岸硝烟对立的情势,这些壮丁家属一旦被扣上"敌伪"之帽,就成为对立的阶级敌人。

每次经过铜砵村村口那棵古榕树,谷文昌望着那弯曲苍老的躯干、飘拂的长须、迎风摇曳的枝叶,总感觉像在诉说当年发生在树下的人间悲剧:史无前例的灾难啊,让东山留下了多少日夜思儿的老人、独守空房的少妇、无依无靠的孩子!怎忍心在他们的伤口上再撒一把盐!除了天灾的伤害,一些人为因素造成的痛苦往往更为深重。

站在那个历经千年风雨悬而不倒的"天下第一奇石"风动石旁远眺,海峡涛声起回音,谷文昌似乎也听到了一声声唤郎君的呜咽,脑海里浮现出一双双盼不来归舟帆影只见云的泪眼。大海咸咸的,像谷文昌不知不觉流下的泪,他从来就见不得百姓受苦。

徘徊中谷文昌离开了城关区,担任县工委第一任组织部长,仍不忘调查,仍在继续发声:"这些家庭的顶梁柱被掳走了,无异于塌了半边天,她们对国民党恨之入骨呢!我们的任何怀疑和歧视,只会让她们雪上加霜、痛上加痛,打击面太大了,久而久之可能就把她们推向敌人那边。共产党是为人民谋幸福的党,关键时刻应该扶她们一把,为她们撑腰、补天!"

有人担心,现在讲全国一盘棋,涉及政策定性问题,政治风险太大,可能会犯阶级立场的错误;有人建议,这么棘手的难题应该报给上级,等上级有了明确的意见再来讨论……

莫怪这些人稳重，也莫说保守，东山社会治安形势严峻，敌我较量错综复杂，那情形就像铜砵村村口的榕树盘根错节。老革命碰到新问题，谷文昌也要让自己认清形势，把握关键，真正对党和人民负责。

农忙的一天，谷文昌下乡时看到那位拉着他在榕树下说了半天话的刘阿婆，正挥汗如雨收割。他知道刘阿婆年轻守寡，好不容易把儿子拉扯大，娶妻生娃没几天，儿子就被国民党军队抓了丁。一家三口的重担，便又重重落在她的肩头。谷文昌亲切地叫着刘阿婆，就要下田来帮忙。刘阿婆却说什么也不答应，道："你是好人我们知道，可我们是敌伪家属啊，不能连累你！"

谷文昌被深深感动了：这些孤苦无助的劳动人家，带着所谓的"敌伪家属"标签过日子，何时会是个尽头？他似乎看到了她们心中藏着的难言隐痛，读到了她们那犹豫和惶恐的目光里的期待。那天，他心里翻江倒海一般，听听那呼呼而来的海风，满耳都是百姓意绵绵的嗟叹苦情；看看榕树上挂着的望夫灯、盼子灯，夜夜在海风中摇曳，活像血红的泪滴。

结合各地报上来的情况，虽然县里并没有专门召开"敌伪家属"一类的会议，虽然这些家属在翻身解放中同样分到了土地，但屋里只剩下老弱妇孺，常人应有的团圆于他们是个难圆的缺口。他们顾虑重重，在自叹命运不济时，也觉低人一等，平时抬不起头，不敢与干部往来，担心不虞之变。小小的铜砵村因为青壮年男子尽成国民党兵丁，甚至被冠上了"寡妇村"的称呼。村妇和老人的脸一天到晚都犹如乌云笼罩，孩子们本应清纯的瞳仁也是一派阴霾。甚至，他们的姻亲、朋友也整天提心吊胆。

"敌伪家属"是个充满杀机的词，任其"历史不清"，必然会让它像风沙一样压迫得苦命之人痛不欲生。这个问题必须尽早解决，绝不能人为地让他们成为"特殊群体"，更不能任其自生自灭！新的县工委书记一上任，谷文昌抓住机会再提解决方案，对"敌伪家属"在政治上重新定位，他甚至集思广益，造了个新名词："兵灾家属"。

县工委书记很看重谷文昌身上彰显的共产党人的勇气和胆量，建议把这个问题提交到县工委五人小组会上讨论。

会上，谷文昌慷慨陈词："壮丁们是在敌人的刺刀下被捆绑、胁迫走的，显然没有哪个自愿，他们的家庭被拆散，家属都是受害者，痛苦难言。这些人不是一个两个、三家五家，全县加起来有大几千，加上姻亲、姑表，蛛网纵横，涉及人员遍布全岛，难道都把他们推到敌人那边去吗？"

大家沉默不语。一个独特而棘手的问题，摆在刚刚执政的共产党人面前。

在大是大非问题上，谷文昌没有模棱两可："国民党造灾，共产党应当救灾，绝不能再在群众的伤口上撒盐！"

制定政策应该如何考量，是区分清楚敌我还是团结大多数，这考验着领导者的智慧。东山县工委一班人审慎之中终于统一了认识，如谷文昌主张的那样，面对实际，对人民负责，迈出了勇敢的一步，启用了"兵灾家属"这个新名词。

据挂点城关区工作的县政府秘书林嘉回忆：1952年底，

已是县长的谷文昌来到城关区召开会议，代表县工委、县政府郑重宣布这个在苦海里挣扎了两年多的特殊人群为"兵灾家属"，是我们的阶级兄弟和姐妹，政治上不歧视，经济上平等，困难户予以救济，孤寡老人由政府照顾。

有关内容，这些年我遍寻县、市、省三级档案馆，皆未见到白纸黑字。也许当年在海防前线，这确实是个敏感话题，只好由县里内部掌握政策。与后来安徽小岗村实行"大包干"时秘密摁手印的情形有所不同，却也可以想见能如此迈出审慎而勇敢的一步殊为不易。

通过采访历史知情者可知，在"兵灾家属"政策形成过程中，推动者并非只有谷文昌。二区区委书记王虎也曾旗帜鲜明地说：这些壮丁家属百分百是受害者，百分百都是贫下中农，怎么能变成敌对对象呢！他在二区领导土改试点时，对壮丁家属没有定性为蒋匪或"敌伪家属"，还大胆从他们中培养了山后村村长、妇女主任。但在当时的三个区委书记中，谷文昌的呼吁力度和所起作用无疑最大，并最终在县长任上妥善处理，在县委书记任上一以贯之，所以也就脱颖而出成了全东山"兵灾家属"的大恩人。

在特殊年头甘冒政治风险，能有此工作方法，除了智慧和担当，再就是没有私心。从"敌伪家属"到"兵灾家属"，两字之改，天壤之分。新的定义让低眉俯首的"兵灾家属"们不啻甩掉了黑锅和帽子，感受到了尊严，看到了希望，从充满创伤的罪人心态和辛酸痛苦中振作出来，心怀感恩之情，拥护共产党的领导，把自己也当成社会主义大家庭的主人翁。

新政权尊重了事实,一项德政赢得十万民心,竟成为共产党进入东山后发动和依靠群众的基石。

半年后东山战斗猝发,敌我兵力悬殊中,许多"兵灾家属"踊跃支前,有的直接参战,不少人牺牲了,不少人也成了英模。探石村被抓丁到台湾的林义祥奉命"反攻大陆",却开小差潜回家看望母亲,做母亲的赶紧把儿子藏于楼上,说共产党来了我们才翻身,你要拿枪打共产党,就先打死我吧!翌日敌军溃逃,母亲立马带儿子到乡政府缴枪投诚。共产党的"信任"在这时体现出了何等分量啊,它联结了民心,沟通了海峡,化解了对抗。

战后评选立功授奖的东山群众,原先苦难深重的"活寡妇"几乎占了一半。问及她们何以如此舍生忘死,那个冒着生命危险救下几位解放军伤员的刘杏一番话,最能代表她们的心声:"国民党抓走了我们的亲人,共产党却把我们当作亲人,我们也要对共产党亲上加亲,哪怕死了做鬼,也愿为共产党守岛。"

老百姓最质朴,你为他谋利、解忧,就能获得他的真心拥护。东山百姓表里如一的言行,是对共产党的报答,也是对谷文昌的厚报。东山保卫战验证了这一切,其胜胜在民心!

待我来见,铜砵村这棵古榕树,已挂上了县政府的保护牌,保存的何止是铜砵村"兵灾家属"悲欢离合的见证,还有海峡两岸阻隔不了的亲情。

1987年11月,海峡两岸开放台胞探亲以来,东山县当年那些健在的"壮丁"陆续回乡探亲，很多人就在这棵古榕树下与亲人泪流满面地拥抱。去台人员听说了谷文昌，也给礼待他们亲人的共产党人谷文昌烧香。为了表达悲剧不再延续、祖国务须统一的心愿，台胞们在这棵古榕树旁捐资兴建了一座"怀乡亭"。

20世纪90年代，经中央领导关心，有关部门在铜砵村为这些等郎等到背驼、失去生活能力的"寡妇"们建养老院，继而落成"寡妇村"展览馆，时任文化部部长、著名诗人贺敬之题写馆名。四面八方的参观者们，也因此知道了共产党的德政。

某年，陪我参观并讲解的老馆长，自称当年有四个亲人被抓壮丁，还说："从小就听说了谷文昌百折不挠造林治沙的故事，虽然打心眼里佩服，但直击内心的，还是他把'敌伪家属'改为'兵灾家属'，当时听罢，联想到自己的亲人，眼泪不由得哗哗直下。对现实矛盾、尖锐问题，谷文昌从不冷眼旁观，而是敢于担当，他真正做到了'当官避事平生耻'啊……"

你随便问一位"兵灾家属"的后人，他们说起谷文昌少不得情动于衷："多亏谷书记发声，落实政策，祖辈的好日子才有了盼头。"

走在铜砵村这棵巨榕下，抚今追昔，仿佛还能看到谷文昌的身影。

★ 海峡两岸"三通"后,年迈的国民党退役老兵林璋回到东山,马上带着亲人前来谷文昌墓前祭拜。

七 挑战者：伏『虎』降『妖』 功归人民

多年前，一位来自河南的朋友之子携女友来福建看海岛，我不假思索地推荐了东山。他一到目的地，就在电话里向我大呼小叫起来："这简直是个被上帝宠坏了的地方！"

他如何也想象不出半个世纪，或者东山解放前夕国民党县长黄超云新官上任所见：沿着城郊漫步，随地看见垒垒荒坟。听陪同的民政科长介绍，墓底下都是遭遇海难不幸死亡的渔民的骸骨，一年总有几个人在海中丧命，有的连尸体也捞不到，每年清明时节，哭儿子的、哭丈夫的，号成一片，惨不忍睹，全县官民过的是死水一潭的日子。

"天涯海之角，有一个美丽的东山岛，每一缕炉香都是传说,每一处景点都是民谣……每一片沙滩都是画卷,每一行脚印都是诗篇,每一朵浪花都是欢笑……"毛阿敏1995年演唱的那曲《美丽的东山岛》,呢喃软语中,曲尽其妙,人们在歌声中沉浸于一个海岛美丽的童话世界时,有几人能想到东山的"古早味"?

凭借长篇小说《穆斯林的葬礼》获茅盾文学奖的作家霍达,1985年初遇东山,就发自内心地喜欢上了这里。东山之行,让她一气呵成近万字的报告文学《渔家傲》,这也是谷文昌身后反映其人其事的第一篇长文。

此时,距谷文昌离世近五年。

尽管有那么多人说过"文章千古事",说过"经国之大业,不朽之盛事",但自古以来,有多少文章被雨打风吹去,天地间容易犯遗忘症的人们,又还会有多少人记得文中这个人。

余生也晚,愧之有余,我第一次抵达这个非我故乡的海岛,流连忘返中,未闻谷文昌,即使知道他当年所治海岛的前世,怕也只是闻而异之:"东山县过去是个荒凉贫瘠的地区,岛上风大、沙多、地少、水缺。北部占全岛半数地区是荒山秃岭,中部占全岛三分之一的地区丘陵旱地,逶迤西南沿海是占全岛五分之一的荒沙滩。田里也多是砂石。每年六级以上的大风达一百五十多天。秋冬之际,强大的风暴刮得飞沙走石,黄尘蔽天,卷起座座沙丘,掩埋了大片田野,还吞没整座的村庄……"这是谷文昌在全省会议上作题为《用革命精神改造自然建设海岛》发言时的一段话。

谷文昌有发言权。说这话时，他已在岛上生活了八年多，耳闻目睹了这个海岛的昨天和更远的过去，见过岛上一生没吃过米饭、没穿过一双鞋的农民，听过老人经常告诉青年人、撞得他心头发痛的一句话："能飞快飞，能走快走，这里不是生存之地……"

更别说民国时期《东山县志》的记载：风沙不断吞没家园，天花、眼病泛滥，外出当苦力、乞丐者十之有一；百年间，计有十三个村、一千多座房屋、三万多亩耕地被流沙埋掉……

今天面对东山像是落进天空之境的人们，哪会相信它前世的艰难，哪会想到战争、灾难、饥饿和死亡？如果不是谷文昌纪念馆里收集的那些史料照片，仅一些数字，缺少了直观感觉，人们也断难想象它昔日"沙滩无草光溜溜，风沙无情田屋休"的荒凉一面。

外来官员到穷乡僻壤上任，目之所及，有的怨天尤人，有的想着尽快卷铺盖调离或高升，有的想到造福一方、创造未来。谷文昌身临其境，想到了什么？后人无从代想，但念及他的人生过往，可以说，那时萦绕在胸、念念不忘的，肯定有沉甸甸的"人民"两字，"我心中，你最重"，为此他不畏眼下，不负重托。

"不把人民拯救出苦难，共产党来干什么？"这是谷文昌的经典名言。所有的名言都不是空穴来风，经受过检验的每一个名言背后，都可以像影视那般叠画出一个个镜头。

镜头里有1954年秋天东山县县长谷文昌与一群乡民的对话。那天风沙漫天，下乡的谷文昌费劲地爬过白埕村一处沙丘后，在避雨亭遇到一群乡民，肘挎装有破碗的篮子，手拄拐棍，个个衣衫褴褛，人人面有菜色。关切问之，村民望着这个穿着一身泛白旧军装的干部支吾其词。经警卫员陈掌国翻译，才知他们要去外乡乞讨。乞讨？！原来，这些村子长年沙埋农田，今秋颗粒无收，乡民缺吃缺烧，为了活命而流离失所。

东山风沙之害，谷文昌进岛三年来每天都在"领教"。以前在河南，他从未见过何谓大浪淘沙，来这个海岛眼见之下，是狂风把沙淘上天，在岛上满天飞，风平浪静了，沙子就落成一座小山堆，把这个荒岛随意打扮成恐怖的沙海。现实的细节写照，比岁月深处的歌谣唱得还峻厉："沙滩四处光溜溜，'沙虎'无情田屋休，作物十种九无收，求乞谋生到处流（浪）。""风沙淹田牛上屋，父母嫁女水陪嫁……"他的心被深深地刺痛了，"东山解放都三四年了，居然还发生这样的事，我这个县长对不住群众呀！"谷文昌忍住眼泪和悲怆，好言劝回村民，答应政府一定会想办法解决问题。

白埕村是东山岛昔日沙荒和贫困的缩影，不是一句话，就能把所有困苦和承诺都一笔带过！

风沙猛于虎，怪不得百姓称其为"沙虎"，咒为"风妖"，一首首民谣像是咏叹："春夏苦旱灾，秋冬风沙害。一年四季里，季季都有灾。""微风三寸土，风大石头飞。"

鲁迅说过："从来如此便对吗？"历代地方官在滚滚风沙面前退却，难道就此约定俗成，听之任之？从历史悲叹中走来的谷文昌如何能将息、能不辗转难眠？共产党领导人民翻身得解放，为的是让老百姓过上好日子，不把东山人民拯救出苦难，又为何要来解放东山？以烟引睡前，谷文昌下定了向风沙宣战、铲除此害的决心。革命者常常是勇于打破"萧规曹随"的一种人，一向并不刻板，其积极浪漫、战天斗地的一面，直教庸常黯然失色。毛主席在六盘山上抒发"今日长缨在手，何时缚住苍龙"的壮志，谷文昌面对东山沙暴，油然也生就臣服"沙虎"的豪情。

陪多灾多难群众流泪、吃不好饭睡不好觉的，何止谷文昌！之前两任县委书记郭丹、张治宏，以及首任县长张书田等党员干部，哪个不想着战胜风沙，让人民靠近、贴紧幸福呢！这些南下干部们情知，离台湾最近的闽南海岛虽然被插上了红旗，旧社会的"三座大山"虽被推翻，但压得东山人祖祖辈辈抬不起头喘不过气的风、沙、旱"三座大山"，却还横亘在面前。带着建设新区重任而来的南下干部们，会前会后，不止一次讨论和思考过同一问题："群众是分到了土地，但种不出粮食，分地又有何用？""再让东山人民受苦，要我们何用，我们心里能没有愧？"

从海滩刮来的黄沙，是个比刚打跑的国民党登陆部队还要难缠，甚至要强悍十倍的大敌呢！大家看在了眼里，这个四面环海的岛屿上每处海滩都有着无穷无尽的黄沙，为岛内风沙的产生提供了一个稳定而充足的"货源"，加上全岛植被覆盖率奇低，很多地方地面只铺着一层松动的杂草，有的地方甚至寸草不生，能不让"沙虎"兴风作浪？

县委、县政府的头头脑脑们，对摆上桌面的情况都很清楚。他们几乎都是地地道道的内陆人，前半辈子几乎没接触过大海，更别说治沙了。壮怀激烈中，谁都想过要改变东山的面貌,但怎么改?怎么变?面对一次次的徒劳无功,周而复始地被打回原形,有人感到疲乏,无能为力。白埕村的遇见和许诺,让谷文昌前所未有地动了情:"共产党人不能做自然的奴隶,不能听天由命,不能在困难面前退缩!"三个雷霆万钧的"不能"之后,紧跟着掷地有声的"两要":"我们要向风沙宣战,条件再差也要建设社会主义!"

再大的问题都需要面对,更重在解决。争论和讨论中,县里终于统一了认识:现在政权巩固了,就得从头"收拾旧山河",要让百姓安居乐业、挖掉东山穷根,促进当地经济发展,制服风沙是为第一要务。

治沙工作不由分说地摆在了全县工作首位。

谷文昌义无反顾地开始追寻当地群众眼里根本奈何不得的"沙虎"。他读过大众哲学,知道世界是物质的,物质是运动的,运动是有规律的,他就是要找出东山风沙运动的规律。如是这般,他不由想到少时曾去做石匠、打窑洞的山西,想到先他而去山西谋生的兄长差点"走西口"的经历。古时走西口的最初出发地,是位于晋北右玉县西北的"杀虎口",或又叫"沙虎口",那是外长城的一道重要天然关隘,唐宋以来的兵家必争之地,"四面边声连角起"中上演了一幕幕地动山摇的史剧。现在,谷文昌要对抗风沙这头"大老虎",也要成为治虎英雄,来个虎口拔牙式的根治!

决心易下,但治理风沙岂是一件张口可成之事?风沙以一次比一次更肆无忌惮的呼啸、更为所欲为的遮天蔽日,来嘲笑这个主动向它挑战的共产党人。

这个似乎天生就为改变东山而来的人,一根根筋饱胀的都是热血。他已然知道,治沙首先要清楚风口和沙丘。没有风,沙子飘不起来;没有沙子,风再大也形成不了风沙;狂风和沙丘狼狈为奸,才产生让人民苦不堪言的风沙之害。要战胜放浪不羁的风沙,就必须先扼住风口、沙喉,一剑封喉般锁定沙丘!

谷文昌马上成立起了沙荒勘察调查队,自己亲任队长,调查全县沙荒历史危害、沙耕结构、地表植物、水位高低等情况,掌握制服风沙的一手资料。一天又一天,谷文昌带领有关领导,更多的是带着吴志成等技术人员,从东到西,从南到北,从秋冬走到春夏,探风口,查沙喉。不管是顶风还是被风吹着跑,不管冬日刺骨的大风如何夹着沙粒劈头盖脸打来,也不管炎夏的沙子如何烫得双脚起泡,"明知山有虎,偏向虎山行",在风沙扑打中艰难行进,用血肉之躯感受狂风的力度、飞沙的流向。饿了,啃几口随身带的冷馒头或其他干粮;渴了,喝一口行军壶里的冷水。

1957年年关将至,谷文昌还在带人探沙丘。春节才休息两天,农历正月初三,背着一个军用小水壶,手拿一条每一米就绑布条做标记的麻绳,谷文昌带着三人一组的队伍,又迎着海边凛冽的寒风出发了。一天,走在队伍最前面的谷文昌快爬上山口村附近的沙丘顶时,一顿狂飙从天落,他瘦弱的身子毫无招架之力,从沙丘顶一路滚下。林嫩惠等人跑过去扶起他时,只见他的脸都被风沙打肿了,打成了紫黑色。谷文昌漱口水吐掉满嘴沙子,再喝上一口水润喉,便推开搀扶,忍痛执着地攀上沙丘,一边测风、丈量,一边叫林

★ 1957年9月,谷文昌带家人来到东山庙山。照片中可见他平日衣着,也可见此时岛山之荒凉。

嫩惠注意记好相关数据。

小时曾加入流浪和乞讨"大军"的陈细乓,刚进调查队时不知道谷队长是个多大的官,只晓得他冲在最前面,干的活最累,喝的粥最稀。多年之后再忆谷文昌,陈细乓的眼里尽是谷文昌在鸟死树干的沙丘上、呵气成霜的寒风里、滴水成气的烈日下冲锋陷阵的身影。一路跟随的年轻通讯员,稚气的脸都被飞沙走石打花了,打出了一道道血印来。谷文昌问,苦吗?小伙子可以把"不苦"答得气吞山河,却也疑惑,谷县长有何妙招,能让历朝历代都望而却步的"沙虎"俯首帖耳?

一天天走完,一地地走完,一个个山头走完,一片片沙滩走完,从亲营山、苏峰山到澳角山,从金銮湾、马銮湾到南门湾,谷文昌一路和技术人员商讨,叮嘱把一个个风口的风力、一座座沙丘的位置,事无巨细地给记下来。相伴走村串户而来的,是一次次座谈会。谷文昌和乡村干部、老农促膝长谈,不耻下问。他还让技术人员买来一些有关治沙防沙的书籍,晚上大家在油灯下共同学习和探讨。这样一个"招牌"形象,深深地镌刻在干部群众心中。

而东山的县情更是深深印在谷文昌的脑海里,以致在省党代会上诉说严重的风沙给东山带来莫大灾难时,谷文昌可以脱口数落:"每逢秋冬北风一起,飞沙四起,水陆交通受阻,水沟池塘淤塞,房屋良田淹没,作物摧毁。这些大面积的飞沙,活像一群凶恶的老虎一样,严重地威胁着人民的生命、生活和生产安全……多少年来,人们就是这样长年过着'风沙无情压良田,海水逼人把家搬'的苦难生活,这里群众流传两首歌谣：'十天无雨庄稼倒，春雨一来无柴烧，夏天炎热烫脚板，秋冬风沙田屋埋'……过去渔民形容东山岛'吃是番苗粘，配是鲲仔土（小鱼名），睡是珍珠铺（睡在沙滩上），盖是龙虎莝（指破棉被），行是倒退步（在沙地走十步路要退三步之意）'……"

谷文昌数十次登高望远实地踩沙，对东山岛几十座大沙丘了然于胸。不下百次的测试，摸清了整个东山的风向，准确地在地图上标出了几个主风口。知道了沙虎、沙妖的藏身之地，下一步就要实行"抓捕"。法子有筑堤拦之、种草固之等等，总之要"请君入瓮"。

计划落到方案，再付诸实践时，谷文昌已当上县委书记了，统一指挥成千上万人，发起了一场在他看来是"先围后打"的大兵团作战。他依旧走在第一线，亲力亲为挑土砌砖。

把几十万个劳动日付与风里雨里和严冬酷暑之后，风口地带终于筑起了39条防沙堤，普遍是2米高、10米宽，总长逾两万米。谷文昌不是没想过拦截下来的风沙不服"招安"，极有可能在原地积聚后继续飘散。为防不老实的沙子到处流窜，他时不时还亲自下场，用老办法发动沿海沙区的群众，不是挑土压沙就是搬飞沙，白天弄不好就晚上点灯再干。

果然看到，"人定胜天"并非事事奏效，人力更多的是抗不过大自然。压沙和搬沙常是徒劳无功。遇上大风天，沙尘漫天，将日头的光芒遮个严实，下地干活的人们中午回去吃顿饭的工夫，回来却见大半截锄头已被飞沙掩埋。或是今天刚挑土压沙或把沙子搬走,明天风一吹,复又埋上。就这样徒劳无功地持续干了两三年,并未解决根本问题。

来自太行山的一些干部傻了眼:照此下去,就是来千万个愚公也无济于事。

遂又发动群众筑沙堤,堤顶压泥头,堤坡盖草皮,到处种草。幸好,种下的草总算依稀冒出了尖尖儿,一片绿地的孕育似在明天。谁都认为这下可以妥妥地伏"虎"降"妖"了。岂料现实如此残酷,看上去像模像样的长堤,到底经不起风刮雨淋、烈日蒸烧,暴虐的大自然好像见不得东山有好光景。种草固沙又谈何容易,遍地播下的草籽,不是随风沙搬家,就是被掩埋沙底,那几簇勉强破土泛青的草丛,也渐渐枯黄,毫无"春风吹又生"的迹象。任凭谷文昌痛心疾首地在风沙中奔跑,花了几十万工时筑起的一条又一条挡沙堤崩垮了,刚刚压住的黄沙重新揭草而起,这场前所未有的群众性治沙行动毁于一旦!

欲问为什么,风沙以呼号作答。

摇头叹息一茬茬。群众说:"东山这鬼地方,上有秃头山,下有飞沙滩,要翻身万万难,只怕神仙也治不住风沙!"干部也说:"东山这样贫穷,只怕财力和人力都承受不了!"

是的,在山荒造林问题得到缓解后,对于改造沙荒,人们都说不行。然后,众人把目光投向谷文昌,等待并期盼他怎么说。

谷文昌迎风而立,将衣服往身后一抖搂,呼气如火:"如不治服风沙,就让风沙把我埋掉!"

"只怕"之事泥沙俱下，但谷文昌已将这两个字剔除出了人生字典。长堤遭摧毁，他却没被压垮，从来不爱说大话的他，这次与其说是命令，不如说是指天立誓，走上一条以自家生命作抵押的路。

是的，东山的人民作证，东山的风沙作证，那是初到这边不久的外地人谷文昌，面对肆虐的风沙，面对灾难深重的群众，不留余地立下的铮铮誓言，自告奋勇挑起的沉甸甸重担。

谷文昌一开始就知道治沙不易，若是举手之劳，焉能等到自己这代人来建功立业？他也知道不可能一劳永逸地终结沙患，既定方案权当是热身，是铺垫，提供经验和教训，何况还没有用上"造林防沙"这个重磅呢！

翔实的调查、周到的研究之后，谷文昌更有了发言权。东山过去之所以产生风、沙、旱、潮四大灾害，主要原因就是山无林木，造成水土流失、泉源枯涸，以致大风刮起，飞沙滚滚，埋没农田，吞没村庄，得确定一个"以林为主、综合治理、全面制服"的方针。1956年，东山县召开第一次党代会，谷文昌号召全县人民"苦干几年，将荒岛勾销，把灾难埋葬海底"，还描绘了一幅宏伟蓝图，"要把东山建设成美丽幸福富裕的海岛"。党代会如此郑重写下决议："十年内全面实现绿化，根本解决风沙灾害。"

既对人民承诺，谷文昌没有退路，东山县委只有背水一战。

种草固沙、搬沙……几条路都走不通，那就种树，靠种树造林来固沙。种什么树?有的树轮种了一遍又一遍,就是活不下去。屡战屡败,任谁都气馁。

虽然县里成立了由谷文昌挂帅的封沙种草造林委员会,下设防沙工作组、造林技术指导组、种苗供应组等,以团营为单位建立各个专业队,做到层层有领导,经验时时有总结,但部分干部群众也还是笼罩着畏难情绪,这一败又一败,闲言碎语顿又纷纷扬扬。说是"风沙从海上来,海搬不走,风沙也搬不走,就别想种活树";说是"鸟吃一冬,沙压一世",别种不活又花工;说是东山"金木水火土"五行缺了后四样,光有"金"字不顶用。山口村满头白发的老汉林荣和说得更绝情:"风沙一起,人都站不住,还能种树?我活这么老,听过吹大炮的,就是没见过制服风沙的!"

环岛皆言不可为,谷文昌横看竖看,东张西望,却觉得东山不该是种不活树的样子啊!

他不认命,要是东山真种不活树,现有那屈指可数的树难不成是从石头缝里蹦出的,或是观音和各路神仙施法术种下的?俗话说的也不一定都对,就说"风小三寸土,风大石能飞"吧,再大的风,又能奈风动石何?东山风动石,所以天下第一奇,风雨不动安如山。共产党为什么就不能再创新奇迹?

先不说是否达成共识,从实践到成功的历程,从来都不是一蹴而就。

一日,谷文昌从白埕村团干部、业余通讯员林多默那里得知:家住风口处的一位农民在沙地里挖出了一筐能烧火的泥土。他的好奇心骤然被点起,让林多默带路,骑上自行车赶紧奔过去看究竟,当场放了一块进灶膛,果真"噗"的一声腾起了耀眼的火花。为了防止被糊弄,他又亲自包上一些湿土挂上自行车带回,晒干后叫来技术员现场观看。技术员端详着那些黑黄相间的泥土,惊喜地叫道:"这是泥炭土,说明远古的东山曾拥有茂密的植被!"世代为农,树和炭的关系谷文昌无师自通,他端详着手中这块竟可燃烧的泥炭土,上面的木质纤维果然还清晰可见,眼里和心头不觉熊熊燃起一团希望之火:东山真的可以种树!

县里的老掌故不是总说嘛:东山岛曾是海上仙山,只因近百年外忧内患,兵匪横行,战火不息,青山碧野被撕碎,茫茫沙暴一手遮天,万顷良田化为塞外荒漠……

岵嵝山东麓的关帝庙,不是总吸引他的视线嘛:庙前那几棵刺桐树,分明饱经风沙肆虐、历尽劫难,却至今仍傲然挺立,绽开火红的花朵!东山其他地方没理由看不到绿色、栽不活树啊!

先不去探究曾有森林覆盖的东山何以沧海桑田,事不宜迟的是再种,千方百计再请进一些新树种。只是,成千上万株苗木摩肩接踵地被植入泥土后,居然颗粒无收,一次次地给人们的望眼欲穿泼出一盆盆透心凉的冷水:失败是成功之母,可为什么一次也没成功呢?

"风妖"和"沙虎"依然没日没夜在纠缠,灾荒和贫困依然笼罩在东山和人们心头,嘲弄着为改天换地冲在最前头的谷文昌。

愈挫愈勇。这个急先锋算是明白了,必须要有一种能抗风沙、抗干旱、抗盐碱的先锋树种,到哪里去寻找呢?他为此寻寻觅觅。

转机出现在1956年底。调研组在白埕村的沙丘旁，发现了三棵长势不错的木麻黄，系乡民林日长几年前清明扫墓路过西山岩时顺手拔回来种上。接到报告，正被劳累和失眠折磨得胃病隐隐发作的谷文昌，既惊又喜，先是差通讯员代他登门请教林日长种树过程，继而抱病把300余名来县里参加三级扩干会的队伍拉去召开现场会，说的是：木麻黄能无心插柳在这里成活，只要我们有心，就一定也能在别处沙丘种活。谷文昌要求技术人员抓紧分析，要求苗圃负责人着手做好育苗。

很快，林业技术员吴志成查到了国外种植木麻黄有效防治风沙的资料。谷文昌终日紧锁的眉头刚舒解开来，有关"资本主义的苗"能随便实行拿来主义的话题却接踵而至。谷文昌一通咳嗽后，毫不含糊地说："不管哪里的树种，只要能治风沙就行！"

沟通和寻求之中，1957年，省林业部门传来广东省电白县成功种植木麻黄的喜讯。病中的谷文昌马上找来县农工部长靳国富（后任县委副书记），交代他组织20多名林业技术员和区乡干部，专程到广东取经。他们了解种树方法和诀窍后，还实地学习如何栽种，并带回了几捆树苗，分种多处。一段时间的试验后眼见长势甚好，县委决定大种木麻黄。全县干部几乎倾巢而出，分赴省内外采种、调种，国家林业局特地从国外进口树种给予支援。

以为种下了无数的希望，谁料迎接的却又是当头一棒，依旧全军覆没！

棒打鸳鸯散，却无论如何也打不散谷文昌心头的希望、灭不掉他打石时四溅的火星。从小爱看戏的他，唱的原不是假戏，他从来就是真做实干之人，迎头就上，埋头苦干，总是"咬定青山不放松"，并做好了和风沙大战三百回合不是你死就是我活的决绝。

置身东山，就得东山再起，才不会徒有虚名。但卷土重来的成功也从不轻易许人，改造河山的故事从来一言难尽，从实践到成功的艰难历程，也从来是惊天地泣鬼神。

正是谷文昌领导下锲而不舍、不屈不挠、寻找规律，一次次失败中一步步接近章法，"筑堤拦沙，种草固沙，造林防沙"三管齐下，东山才得以完成千年等一回的凤凰涅槃，才会有刘白羽笔下《东山岛情愫》不吝的赞美，才会让谢晋等导演一来就动情欢呼"美哉"，才会引出国家旅游局领导的趣说：东山真像是一位美妙的少女，我深深地爱上她了……本地文人骚客的放歌就更多了，越是了解谷文昌，他们越像不甘寂寞的鸟儿，成群结队地歌唱东山、歌唱谷文昌。

事非经过不知难，由颂歌念及过往，你才会明白毛阿敏所唱"每一棵小草都是情缘"的另一层意味。

一心向着目标前进的人，世界都会不由分说地为其让路。我告诉只看一眼就说爱上了绿岛东山的这位河南小哥：东山从荒岛变绿洲、丑小鸭成白天鹅的"三重奏"中，黄钟大吕恰是造林治沙乐章，而这是从种上木麻黄开始的。

八 先锋官：九棵树肖像

发黄的档案，记着1962年谷文昌在福建省林业工作会议上的汇报发言：

> 对于沙荒造林，群众都说不行，埋怨劳民伤财。虽然我们在造林工作上遭到一次又一次失败，听到不少流言蜚语，但为了东山人民的幸福，没有灰心丧气，坚持不懈搞下去……直到（19）56年春，我在白埕村边沙墩上发现几株木麻黄生长得很粗壮。（19）57年春召开现场会，总结经验，肯定沙滩可以种木麻黄树……通过坚持试验，终于找到沙荒造林途径……（19）59年大种特种木麻黄树了。

这里的主角，就是木麻黄了。

这个外来树种，跟着渐被驯化的脚步来到中国时，起初也多是出没于广东沿海地区，既稀罕又普通，直到遇见一个远离大海来自内陆的谷文昌，才罩上了几许悲壮和传奇。

木麻黄的遇见和东山化，是个情缘，众里寻它千百度。

谷文昌转任县委书记后，开足马力、义无反顾开始有计划、有组织、大规模且科学实施造林治沙这个百年大计。谷文昌眼中的造林治沙与此前的造林绿化仅两字之差，不说相差十万八千里，自加的压力也是前无古人。此前的东山，沙无治，谁也没招。即便再大的招，沙也是见招拆招，让你徒劳无功。

还是县工委五人小组成员时，谷文昌就在沙害严重地区摸过造林治沙情况，群众的回答每每如同当头泼冷水，让人不寒而栗。

此情景，如谷文昌在1962年向上岛来检查林业工作的省委工作组汇报所说："我在1952年到湖塘、山口等地，召开老农座谈会，调查过去群众有没有造林，研究如何防沙，曾经向群众提出几个办法……群众虽然对改造自然要求迫切，但没有办法，没有信心，认为沙荒、风大、沙多，造林不行；山荒、石多、土浅，也是造不成。这个不行，那个不行，甚至有些人和我们当面打赌……当时，我们每次下乡调查研究的劲头很大，回来时总是找不到办法。"

前面的县委书记、县长带着遗憾离任了，谷文昌未走，也没有安于前任未曾解决的现状，并因此洞察了不进则退隐隐带来的危险：全县虽说尚有2.5万多亩良田，却因风沙灾害而年年减产，农民为了收一点粮食，冬天要压土盖稻草，春天需搬沙筑堤挖水沟，每年要多花4万个劳力，仍成为低产之地；而且，你斗不过步步进逼的风沙，就必然被其不断蚕食……

"将革命进行到底！"谷文昌心头升起一股不灭的激情，东山保卫战之后打出的相对安定环境，也让他有条件如琢如磨想办法，久久为功搞试验。

试验要树苗，但"地下农场"的出苗量远远不敷大规模造林之需。一年光育苗就要占用千余亩土地，等于全县耕地的百分之一。有些社队同意种树，但不肯占地育苗，只习惯于伸手要苗。有的地方还边抵触边放怪话，说什么"耕地育苗是叫大家吃树根，不吃粮食"。

没有种苗，造林是空话；无从试验，治沙更是一个遥远的梦。弹丸孤岛，什么种子都没有，只能依靠岛外。林业厅虽说也有支持，但离本地需要空缺太大，年年喊、年年不够用。谷文昌和县委就只能组织干部群众出岛到各地采种子，也不是谁都让你采的，有些话说得还很难听，有的如同在打发"叫花子"，他们也只好充耳不闻，仍得厚着脸皮到处"游击"。

谁也没想到谷文昌这个小个头，在造林治沙上竟有让人仰之弥高的大略。1955年，为了加强对造林绿化的领导，东山县乡层层建立绿化委员会，谷文昌亲任总指挥。翌年春，他在《当前生产合作任务与要求》报告中讲到绿化工作："各乡要向群众宣传造林好处，抓紧季节按计划完成植树任务，同时要注意保种保活和制止群众乱砍伐森林的行为，教育群众加以爱护，凡破坏森林要依法处理。"谷文昌运筹帷幄中已胸有成竹，并为之未雨绸缪。

风沙与东山人民过不去,他谷文昌与风沙过不去,而且他的治沙决心更坚定、更强悍。

在河南老家参加革命,谷文昌就已显示了动员群众的本领。"他山之石,可以攻玉",他在东山一方面动员社队开荒自办苗圃,另一方面发动群众试验,减少占用耕地育苗,进而消除群众顾虑。他苦思冥想中,终于寻找到沙滩就地育苗的经验,并加以推广。

要植树造林,以及保种、保活及今后护林,谷文昌意识到,除了必须选好树种,还须有个专门机构来科学地领导和指导造林。于是,县人民委员会(县政府)专设了林业科。

林业科的新同志近水楼台,清点了这几年的"战绩":一年又一年,在沙荒上种下的芦苇草、龙舌兰和老鼠刺等,没挡住风沙;以后又陆续种槐树、杨树、苦楝等十几种树,共十余万株,结果大部分又都枯死了;虽有若干苦楝树成活,但实践证明,此树一到秋冬就落叶,不能起到挡风沙的作用……

真是屡战屡败啊,林业科的人欲哭无泪。

谁能知道谷文昌背地里的泪呢,却知道他曾头顶压力如实向人民、向上级汇报:"这样做了,种草不行,种树不行,筑挡沙堤也不行。从1952年至1956年整整五年中,我们并没有找到根治沙荒的方向。"这样的汇报谁能轻松?!谁能不哽咽含泪?!

眼泪表现的并非只是软弱、消沉、悲痛,常常的还是为了告别过去,振奋精神,再图未来。为木麻黄歌过的冰心,当年就曾如是寄语小读者了:"成功的花,人们只惊羡她现时的明艳！然而当初她的芽儿，浸透了奋斗的泪泉，洒遍了牺牲的血雨。"连小读者都知道的道理，谷文昌更要用"奋斗的泪泉""牺牲的血雨"，去浸透、去洒遍一株株树！

终于，五年来的试验和失败之后，1956年谷文昌找到了沙地上茁壮成活的木麻黄树——对了，就是前面提到的乡民林日长几年前从西山岩顺手拔回在自家屋后所种的树。此树耐旱耐碱，冬不落叶，找到它，犹如找到了沙荒造林的方向！

1958年2月下旬，谷文昌在东山县委一届二次大会上作题为《乘风破浪，加速建设社会主义新东山》的报告中，提出"苦战三年，绿化全岛"的口号，同时规划当年造林2万亩的任务。

掌声之外总难免有些风凉话，预测着那些看不见的风浪。谷文昌却不为所动，报告中最后不忘强调："中国有句著名的古话，叫作乘风破浪，很可以用这句话来描写我们目前的形势和任务。我们的前面有浪，这就是我们建设社会主义事业中所必然会遇到的各种困难，但我们有风，这就是广大的党员干部和人民群众日益高涨的革命积极性，让我们以乘风破浪的革命气概勇敢前进！"

说罢，他自己先在麦克风前畅快地笑了。笑声传递出他的雄心正茂，感染了早已群情振奋的会场，代表们像是看到了三年后的远景，谷文昌话音刚落，就山呼海啸般响起一片经久不息的掌声。

与掌声一起抵达的，是县人委接连颁布的《关于改造沙荒规划（草案）》《关于保护母树的紧急通知》和《东山县山林沙荒保护管理处罚条例》。

既然东山和全国一样，完成了社会主义改造，就不能旧瓶装新酒，就得"变脸"，借助"东风压倒西风"的大环境一跃而起，旧貌换新颜。心急吃不了热豆腐，谷文昌强调不能蛮干，得先有试验。去年春天，全县已建立一批木麻黄苗圃，组建起了53支造林专业队。

之所以要建专业队，是因为谷文昌感到造林栽培是个技术活。这些年，他切身体会到，东山没有树林既久，群众不懂如何栽树。1952年在城关开始种植马尾松时，播种得深浅不均，导致播浅了的种子被老鼠吃掉，播深了的种子却不吐芽。后来栽相思树，栽得浅的，风一刮就倒。再有，开始整理苗床莫不粗糙，凹凸不平，种子不是压得过深以致长不出苗来，就是撒得太浅浮在土面随风飞走。又如，播种量和如何移苗都有一套……一系列造林栽培技术说起来是小问题，做起来却是个大问题。大家的自以为是碰了几次壁后，才知造林并非自己想的那么简单，心虚中不觉对造林感到神秘。谷文昌却说："在实践中慢慢摸索，就由不懂到懂了。"

他就这样先懂了起来，懂得更多一些、更深一些。所有这些，不啻是为领导大规模植树造林做好的准备。

国有总路线，县定大目标。在听取各方意见后，谷文昌又将之概括为"上战秃头山，下战飞沙滩，绿化全海岛，建设新东山"，像号令一般简单明了，指向明确，铿锵有力，直抓人心。

十几万株木麻黄，夹杂着一些黑松、相思树等树苗进岛后,干部当先,群众随后,驻军和学生也责无旁贷地怀揣决心,肩扛锄头,跟随总指挥谷文昌,在迎风招展的红旗下冲上山岗,万马奔腾似的奔向沙滩。

几天突击中,像播撒种子一样,让空荡荡的天地长上了树苗。看着眼前泛出动人的绿意,人们忘了疲劳,绽开喜悦的笑脸,翘首企盼新生命能恣意汪洋地造出一个未来。

几乎把所有的不测都考虑进来了,五年了,再怎样都该有个东方不亮西方亮的安慰奖啊。每天不间断的观察,呈现的也是这个气象,似乎成功在望了。岂料,天公不长眼,气温骤降,1958年的"倒春寒"竟倒了一个多月,让这些相继挺立眼见就要一天天转翠的树,急转直下地一天天枯黄,成片冻倒、冻残、冻废!

最担心的事情终于还是来了!接到报告,谷文昌脸色铁青,神情整个儿愣住了,就近奔赴事发地点亲自调查。那天天空阴暗,寒风凛冽,飞沙打得脸肿痛。谷文昌顾不得戴风镜,只是低低地压下帽檐,弯腰蹲身查看。出现在眼前的树苗,尽是蔫不拉唧,毫无苏醒迹象,哪怕是形销而骨立,也是"上穷碧落下黄泉,两处茫茫皆不见"。他那一张脸,因胃病而不禁有些痉挛的脸,让人看得心疼。

紧急派下去的几路调查组,含泪汇报的都是全军覆没的惨状,任哪个参与者见了都会垂头丧气,这么多人废寝忘食的艰难试种,种下的依旧还是失败啊,简直要把人逼上绝境!

时任白埕村林业小组长的林多默,多年之后提起那场失败,仍泪流满面。1958年3月11日,他受命带领青年突击

★ 1958年春,谷文昌在东山坑北村播种。经常在地头田间和百姓一起播种耕作的谷文昌,总把自己当成一粒种子,到哪里都生根发芽,绿遍田地、绿遍山野、绿遍荒滩。

队步行十多公里，前往前楼公社下溪村苗圃挑树苗。归途经西埔湾300米宽的海沟时，风雨大作，海水涨潮，林多默深知这些树苗在谷文昌心中的分量，带着大家一捆捆举过头顶，像下饺子似的往海里跳，任凭海水淹到胸前湿透衣服，海蛎壳穿透鞋子划破脚底，一步步跨过海沟，顾不得寒冷和疼痛，一个也不少地把3000多株实验树苗全带回林业队。谷文昌表扬他们用生命保护树苗的壮举时，感动得热泪盈眶。

林多默忘不了第二天——1958年3月12日，那也是势必要在东山历史上记下的一天，按"万木喜逢春"的常规，东山县在这年春天打响了全民植树造林的总攻！全县主要劳力被派往两个地方，一是到海滩挑运淤泥，二是到白埕村、湖塘村、山口村挖坑倒泥和植树。两支庞大的队伍中，有白发苍苍的老人，有少先队员，有裹小脚的妇女，有背婴儿的母亲，有机关干部和军人，有谷文昌夫妇和他们那些系着红领巾的孩子们。

谁能想到，全县党政军民学在"栽树防风打冲锋，排山倒海战沙荒"口号声中齐心协力种下的希望，一遇春寒，一夜之间尽受无情摧毁，东山的绿色之梦再次被无情击碎！

从来都是理想很丰满，现实很骨感。那些天，面对耐寒力差大片枯死的树苗，当地人见面说的不外乎是："桉树纠纠（蔫了），槐树球球（卷缩了），相思树无救，木麻黄一样死翘翘。""荒沙能长树，鸡蛋能长毛！""夏天烫得可炒花生，冬天狂风吹倒房，人都站不住眼都睁不开的地方又怎能种树呢？"

谷文昌来到颗粒无收的湖塘大队察看，眼前的干部和群众围着他，也是七嘴八舌。不是埋怨"沙地造林恐怕是瞎子点灯白费蜡"，就是泄气地问"是不是改用别的办法治沙"。一个富裕中农居然还当众说："我早就讲过，沙荒能造林，愿意拔掉牙齿吃屎，拔下胡须洗马桶。"有人公开提出"造林不如搞副业赚现钱"，有人当场表示今后再不出工植树了。

那些天，哭天抹泪、街号巷哭中，悲痛叹息、埋怨懊丧、讽刺挖苦也不一而足，有点……对，在正为此烦心的县委办干部听来，有点像风沙那般鬼哭狼嚎。

谷文昌知道，干部和群众造林的信心受到了影响，他不怪他们，关键是自己要有斗志。

也有人这样送上安慰："谷书记，东山风大沙多，旱情严重，穷山恶水，既已尽力，无须自责。"说罢双手一摊，好像命该如此。

即使不听风凉话，大面积的木麻黄死亡，也已足够让人悲观泄气。毕竟死去的不是一百棵、一千棵、一万棵，而是近二十万棵啊，这是举全县之力、运动式近乎孤注一掷志在必得的最大一次造林啊！运动发起者谷文昌发现自己到底还是犯了冒进的失误，气急交加中，不觉胃病又犯。

技术员林嫩惠面对这些冷嘲热讽，寝食不安，低头垂泪。这位林校毕业生，越知道谷文昌对他的期望，就越是怕辜负。他想到那天比规定时间提前4天赶到东山岛报到时，望着荒山秃岭和白茫茫一片沙滩，想到今后的前途，心里不觉悲凉，没料翌日下午谷文昌就满脸笑容地来林业科看他了，连说热烈欢迎，东山造林治沙最缺的就是专业人才，你来得可真像"及时雨"啊,希望你今后就扎根东山岛,发挥技术专长,帮助群众造好"生命林",这段时间你就跟在我身边,好让我随时请教。这般高看,连同县委书记的嘘寒问暖,登时让他涌起士为知己者死的豪迈。

现在,面对如此巨大的挫折,林嫩惠痛苦至极,整夜辗转难眠,害怕因为自己学艺不精、指导不当,而辜负谷文昌的苦心,降低乃至浇灭了全县人民好不容易焕发出来的造林激情。让他动容的是,谷文昌没把责任推给下面,而是自我担当,鼓励大家绝不死心,再探,再观察,再检验。他和受到意外打击的谷文昌一样,多么希望能有另一个让人不信邪的意外啊!

"谷书记谷书记,白埕村……" 3月18日,林嫩惠从挂点负责的村庄急匆匆赶来,因为上气不接下气,话都说不上来了。

谁都不当一回事,这些天众口一词的"四面楚歌",失败的气息满盈得连耳朵都要拒绝接收了,希望越多失望越大,多听一声只会教人多一次心碎,或多一分麻木。木麻黄啊木麻黄,这项前无古人的事业栽倒了、黄了,人麻木了,这就是上天让"倒春寒"带来的回报吗?

没想到,林嫩惠这次竟带来一则别样消息:"白埕村发现了九株活树!"冻得满脸通红的他,兴奋得像是打了鸡血。

"什么?"任谁都怕自己的耳朵听错了。

"白埕村有九株树成活了!"林嫩惠一字一顿,又说了一遍。

"是吗，是吗？走，带我去看！"谷文昌心跳加快，眼色活泛，那神情就像是沙漠中苦走的渴者遇上了一滴甘露，他要眼见为实，看看人家是不是在用善意的谎言安慰他。

远远地，就看到了几株摇曳地挺拔在风沙之中的小树。那份绿，那个姿势，与众不同呢，一望而知便洋溢着生命。这不正是前段时间亲自带人来植树的地方吗？谷文昌放下自行车，脚底生风向前面那处小沙坡狂奔而去。

他蹲在一棵树旁，用微微颤抖的双手轻捧树干，朝每一片叶子呵呵热气。它们像是认出了眼前这个最有深情的植树人，瘦弱的枝丫在仍似剪刀的春风中富有生机地摆动，一簇簇丝线般嫩绿的针叶婆娑起舞，像是骄傲地向他报告，它们活着呢！谷文昌东瞧瞧西望望，像是慈母面对自己刚出生的孩子，一片叶子都不漏地抚摸过去，任由泪水情不自禁地夺眶而出，落在叶脉里，洒在根茎上。

他为一棵棵小树挪步、俯身，在一棵棵树前如出一辙地蹲着，泪光闪闪地对视，丝毫没有厚此薄彼。看了这棵看那株，摸了那株摸这棵，细心地为它们抹去上面的霜染。有棵小树苗虽被细沙覆盖，嫩枝却硬从沙堆中钻了出来，谷文昌干脆一屁股坐在地上，小心翼翼地用手指把沙土挖开，把它从沙堆中扶正，再轻轻抖落叶上吸附的沙尘。只要能让它们一株株活过春夏秋冬，活过风刀霜剑，他愿意洒遍所有的泪！

他看了又看，摸了又摸，数了又数，没错，总共是九株！这些树宝宝，莫不是上天大发慈悲而惠留的，"长相"虽稚嫩，只要站直站稳了，能不顶天立地长出一片林？！

★ 谷文昌看到木麻黄试种成活,欣喜若狂。

他慢慢地往起站，酸痛而沉重的腿在寒冷中有点儿发抖，目光却坚定地扫视这一排迎风而立的树苗，像在检阅自己新组建的海防民兵小分队。这九棵貌不惊人、在岛外任何地方都可能被忽视的小树啊，却在东山为一位发誓要与风沙斗个至死方休的县委书记树起了莫大信心，让他再次掷地有声："皇天不负有心人，能活九棵，就一定能活九百棵、九千棵、九万棵！我们一定要摸清木麻黄的生长规律、造林规律！"

在场的干部们一扫颓败神情，顿时显得豪气干云。林嫩惠也把激动的热泪沾挂在了绿色的树梢上。泪眼朦胧中，他想到的不再是那死去的近二十万棵树苗，而是从眼前的一棵树，看到了十棵树、百棵树、千万棵树。

在这个最没身段的县委书记为一株株树苗俯身、半跪，伸出颤抖的手动情抚摸时，县委报道组的同志抓拍了现场照。谁都相信，这必将是一张具有重大意义的照片。

几天后，这九棵被密切关注、妥妥地迎着风沙越战越勇的树，见证了谷文昌为它们召集的一场别开生面的"展览会"。

"干部群众干劲冲天，种死了树大家都难过，但也不要馁志松劲，没有失败就没有成功，失败了再干就是我们革命走过的道路，是我们迎来胜利的不二法门，也是我们共产党的气概和风格。大家看到了，这九株树不是活下来了吗？能够活九株，就能活九千株、九万株，就能绿化全东山！"

不久后的全县大会上，谷文昌也意气风发地这样照说了一遍，并又一次当众立誓："如果不在沙滩上种活木麻黄，就把我这副老骨头埋在东山岛上，让风刮、让沙埋！"

斩钉截铁、气吞山河的一席话，把人们心中一个个问号拉直成一个个感叹号。自古都嘲讽"人心不足蛇吞象"，他却愿意为这方遭受风沙蹂躏百年千年、让代代民心绝望丛生的水土贪大求多！

一些笼罩着失败情绪，在怨天尤人中裹足不前，寻思打退堂鼓、挂起免战牌的干部群众，被谷文昌的豪言壮语再度点燃了热情，唤起了企盼。风沙也似乎被镇住了，一时停止了喧嚣，默默地观察这个石匠出身的"领头羊"泰山石敢当的一言一行。真是感天地泣鬼神啊，这个誓言要率领群众战胜风沙、根治旱灾的人，不为个人政绩和私心而来，追求的就是让人民过上好日子！

这句话也让这片饱经折磨的旱沙地第一次知道了什么叫永不绝望，一片绿色希望从沙土的气息中荡漾开来。这片土地，这片土地以外的土地，此后连绵不绝地长出一棵棵木麻黄，大写意般密植绿色的希望，正发源于这九棵幸存的木麻黄。

近二十万棵树毁于一旦的惨痛损失，让谷文昌在深责自己冒进之时，也沉下心来再次探求植树的规律。他不厌其烦地请教林业专家，总结经验教训，并摸清这九棵木麻黄树苗能舍我其谁存活的原因：可能是树种选得对，树苗壮实；可能是树坑挖得深，便于树苗扎根和汲取养分……谷文昌越听心里越有谱，说我们在消灭"沙虎"上要藐视困难，在造林栽培技术上要重视困难，战胜困难。

吃一堑长一智，以这九棵树苗为摸索规律的向导，由领导干部、林业技术员、老农三结合的攻关小组应运而生。谷文昌亲自挂帅，从育"示范苗"、种"示范林"开始，大胆进行科学实验。在飞沙滩和秃头山上开展"旬旬种树"试验，在沙滩上搭起草寮，定时细心观察气候、湿度、风向、风力对新种树苗回青、成活的影响，并详细记录在案。晴天种，雨天更种。

这年春末的一天，西埔大队11个生产队前往亲营山风沙口植树。树苗栽下后，各队分配任务，轮流浇水。时近正午，忙活了大半天的11队队长林坤福为了御寒提神，多喝了几口酒，结果昏沉沉睡着了，一觉醒来已近黄昏，心想这下坏了，种下的木麻黄还没浇水呢，海边风又大，八成得旱死。急忙叫上其他几个没离开的队员往风沙口赶，在淡水严重缺乏的地方分头找水。天黑之际，有人发现脚下湿漉漉一片，用手一抠，沙里竟然有水，招呼众人舀水，在星光下把树都浇上了。

紧张而兴奋中，有人感觉不甚对劲，就说白天在沙滩上找不到水，怎么晚上倒有了？掬水一舔，咸着呢！林坤福立马就傻眼了，他把社员全都赶回家后，一个人从几公里外的水潭挑来淡水，一勺一勺地浇，希望借此冲淡刚才的海水，一口气干到天亮才回家，连累带吓病倒在床。

几天后，谷文昌到各植树点检查，意外发现一片木麻黄的成活率特高，打听到是11队种的，而且队长还病倒了，就特意上门探望。

一见谷文昌，林坤福忐忑不安地说："谷书记，我是'狗吃猪肝有罪'（闽南俗语，意即有罪知错了）啊，一人做事一人当!"谷文昌不明所以,只是兴奋地请他召集队员讨论一下此次植树成功的经验,届时再介绍给其他生产队。

林坤福到风沙口一看,全明白了,病也好了,就把那天的事都抖了出来。谷文昌赞扬他敢讲真话,继而沉吟道:"没准用淡水咸水交替灌溉,木麻黄的成活率更高。"

事实证明了这次歪打正着,可谓"无心插柳柳成荫",机缘巧合地发现了种活木麻黄的一大方法,进一步确定其为先锋树种无疑。

谷文昌亲任组长的"三结合"造林试验小组,在随时观察记录不同节气、不同天气、不同风向、不同风力、不同湿度、不同土壤种植木麻黄的结果中,一点点摸索出规律来。

大家在日积月累中,越来越扎实地掌握了这个热带品种的种植和生长习性,在它和东山的气候、温度、时段、环境之间找到了契合点,那就是尽量绕开春冬两季和寒流,夏季和雨天或台风来临前造林最好。继而,"良种壮苗、适时种植、带土栽培、大坑深栽、适当密植、雨天造林"等六大技术要点,分发到各大队和生产小队。科学种树法的推广普及,为日后大面积绿化造林的成功做出了贡献。

就在这时,上级空降来一位副专员,兼任东山县委第一书记,谷文昌成了"二把手"。有人说,这是因为谷文昌反"右"不积极、大规模种树失败所致。连妻子都担心政治上出现一场"倒春寒",担心今后工作不好开展,提醒丈夫小心为好。

全民"大跃进"以来,认为谷文昌思想右倾、干劲不足、保守观潮的人,为数不少。上级一听他汇报产量缺了个万字,就觉难受。问粮食亩产能搞个万斤吗?他说搞不了。能搞个八千斤?他还是摇头。两三千斤总可以了吧?他半晌没吱声。上级说人家能干为何你不能干?谷文昌不好再说不行,却道要找大伙来商量商量。领导不满意地哎呀一声,你自己就不能当家?

以前面对上级命令,谷文昌哪一次打过折扣?毛主席特批上马的鹰厦铁路建设,省里要求各地都发动民工支援,东山当时正是铺开摊子大干、急需劳力之时,谷文昌二话不说,一口气发动了1046名民工开赴鹰厦线,至铁路通车,东山民工有多人牺牲,有多人被评为一等功臣,东山保卫战的精神在建设工地大放光芒。但这时在举国连放"卫星"之时,谷文昌却"退避三舍"。

有人劝他,老谷,你拔高一点,配合一下形势嘛。得到的依旧是摇头。稼穑了半辈子的他,实在脱不了那个传统且正统的"胎",换不下那个事情本身的"骨"。

此情,诚如他半年后在中共福建省第一届代表大会第三次会议上的发言,题目虽然也大——《鼓足更大干劲,为1959年更大更好更全面地跃进》,内容却有不少自己的思考:

在全民欢呼大跃进大胜利这一新形势下,也产生了一些新问题。那就是在我们一部分的干部中,他们只看到巨大成绩的一面,看不到缺点的另一面,或即使看到了也姑且讳言不说,处之泰然。他们像风筝、氢气球一样,随风飘荡,有点飘飘然起来。另一方面,也有少数人则只看到缺点的一面,或"以偏概全"否定了巨大的成绩。据此,急需我们及时地教育全体干部,对于工作中的成绩和缺点,做得对或者不对,我们必须,也只能是实事求是地,老老实实地,是就是,非就非,好就好,坏就坏,多就多,少就少,该怎样就怎样,严肃谨慎地对待。在大胜利大收获中稍稍冷静一点来检点我们工作中不足之处,只有这样,才能更大更好更全面地跃进,才能既是轰轰烈烈,又是踏踏实实。

当家时的谷文昌,在重大问题上的点头或摇头,很少随心所欲。就如粮食亩产,此前他已带着干部到外地"红旗单位"参观考察,他细心地拨开重重稻子,然后摇摇头揪心地说:种得密密麻麻,将来群众吃什么?回来掂量再掂量,先在宅山建立一小块"丰产试验田",尝试引进"新技术",继而也对渔业、盐业生产先行试验。

这个不合时宜的实在人,有几次讲话合人家的口味、合时代的风潮呢?现在不能全面当家了,却坦然无比:"郭景周书记在林县就是我的老领导,这次地委为加强各县工作,派出不少地专级干部兼任县委第一书记,这是对东山的重视。再说了,郭书记来县里主持全面工作,我正好可以集中精力抓植树造林。"他还要妻子保持头脑清醒,别乱说,注意团结。

幸好,老领导郭景周支持谷文昌和东山县委原定的造林计划,说我们来自林县,能让东山没有一片林吗?还拿各自的名字做起了文章:我们南下来这里工作,不仅要让东山的文化昌盛起来,还要让四周都有景可看,不做出成绩来,别说对不起党,今后都无颜见江东父老!老领导知道,东山的南下干部以林县籍居多,上岛至今仍留下的30多人中,谷文昌年龄最大,这棵"树"可得尽其材。

更大的幸却是,毛主席在1958年北戴河会议上指出:"要使我国的河山全部绿化起来,要达到园林化,到处都很美丽。自然面貌要改变过来。种树要种好,要有一定的规格,不是种了就算,株行距各树种搭配要合适,到处像公园。"

谷文昌很快就听到了传达,认定这是毛主席向林业生产提出的最新方向和更高要求。群众经验必须重视,白埕大队由多季造林转为夏季雨天造林,以及湖塘大队老农蔡海福由"客土造林"创造为像种瓜一样"带土造林"的办法,得加以总结。结果真不负谷文昌的大力推广,种树成活率达到95%以上!

结合天时地利人和,谷文昌又建议将东山绿化划十个造林战区,并在石埔村登上万人注目的"点将台",以总指挥身份任命各战区指挥,发出"全党总动员、全县军民齐行动"的植树造林动员令。

面对"大跃进"的号角,有了前车之鉴的谷文昌没有头脑发热,一哄而上,先在白埕村划出20亩做试验林。

这个曾为轻率决定买过单的植树造林急先锋,痛心疾首过后,以他绝不两次踏进同一河流的警醒,给后世留下了一个不争的事实：不管外面是什么趋势，在没有试验成功之前，绝不大面积推广，得一心一意为党的事业和人民的利益着想。同时留给后世的，还有他百折不挠的意志。

之所以选择在白埕试验主种木麻黄，乃因为这里是全县防沙堤筑得最多的村子，还源于这里有过一桩令人心酸的"牛屋案"。说的是某人的牛沿着沙丘爬到别人的房屋顶上，踏破了人家的屋顶，一脚踩空的牛也受了重伤，因而造成两户纠纷，打起了一场让清官也难断之案。选择这样的地点栽种试验林，如果成功，自然更具说服力。

怪话总是少不了。谷文昌后来向上级汇报时，就顺口抬出白埕老农林长德的赌注："要是沙荒能造林，我愿意由白埕翻跟斗到西埔，再从西埔翻跟斗到城关。"当时一干听众，着实没人敢来打赌。毕竟，千百年来，他们和祖祖辈辈都被风沙旱涝灾害压得抬不起头、喘不过气，在这沙荒上从来就没见过一片树林，今后要能冒出来，只怕也是海市蜃楼。

风里雨里总和大伙一道下地种树，日夜忙于找水源、挖水塘、挑水浇树苗的谷文昌，听到怪话也不气恼，倒是润物细无声般地和干部群众讲老家太行山愚公移山的故事，然后说，我们就是要拿出毛主席提倡学习的愚公移山精神，一天也不懈怠，一刻也不停歇，植树不止，治穷不止，不达目的绝不罢休。

经他启发，白埕大队党支部针对社员的思想情况，召开了一场诉苦大会，发动群众回忆、对比、算账，倾诉过去遭受风沙和旱涝灾害带来的缺粮、缺柴、缺钱之苦，激发群众人定胜天的斗志和自觉性。谷文昌不是不承认困难,而是说:"如果没有困难,还要我们共产党人干什么?只要我们有决心,光秃秃的海岛就一定会绿油油起来!"他还风趣地说:"等树长高了,我们都要昂起头来看呢,得当心帽子掉下来!"

有人则善意地提醒他,且"当心"能不能再拉起植树大军。

毕竟,这些年造林,虽然摆开了阵势,但一路也都遇到人心不齐的困难和习惯势力的抵触。社队领导有的对沙地造林也一直心存顾虑,有的强调劳力紧、抽不出人。哪怕谷文昌再三强调零星造林难成活,也挡不住风沙,只有集体力量联合行动,大举造林一气呵成,才能形成防护林,有的领导仍举棋不定。

毕竟,这些年造林的一再失败,也给那些追随者一再重创。不是没有"一呼百应"的男女老少们,他们遇到雨天就冒雨造林;夏天挑土压沙、种树洒水,遇上旱天幼苗不能转青,他们就纷纷到几里外挑水浇苗,甚至划船越海运水;遇到大风,风沙把成千上万株幼苗压倒,他们就用手指把细沙挖开,一株一株扶正;他们还不时下海捞积海肥,省下小鱼小虾不吃,造成一担担海肥、鱼肥施到林地里,为的是更好地促进幼林生长。可以说,广大群众无不用心,克服了重重困难,含辛茹苦种下了百万计的幼树,却接连面对失败,厄运恶性循环,绿色之梦几番破碎,情何以堪?不说死心和军心涣散,还有多少干劲再跟一个败军之将?你指挥无能,即使成了光杆司令,能怨三军?!

发动群众一直就是共产党的法宝，也是党教给谷文昌的拿手好戏，虽然造林和治沙一败再败，却依然让他九死不悔。他不仅要让试验坚定群众的信心，还要再次全面调动群众的积极性，为此建议县里出台政策：全县造林，国造国有，社造社有，队造队有，房前屋后植树归个人所有。

政策固然得人心，谁知道不是竹篮子打水一场空？已然心凉者，索性一股脑儿把分到手中的树苗全种下去，好歹就这一回了，活就活，死就死，死光就不干了！

谷文昌志不移，力不竭，身腰扎着一条汗巾，手持锄头，有时肩挑装有树苗的畚箕，在睽睽众目下矫健地迈开步子，无声而又有声地身先士卒。

木麻黄树苗按照新方法从苗圃移植到沙滩上时，虽然小得像一株草，却有一丛胡须似的根，在疏松的荒沙上安家没几天，根系就萌发了，牢牢抓住沙子深扎，并很快就组成一张网，胜利地"团结"了沙土，也成功地"巩固"了自己。当一片木麻黄成林之后，新的沙地又栽上了幼苗。

过去那些日子，所有东山人没少听说谷文昌要种树，而且非种不可，将信将疑中终于看到这个人真的把树种活了，种起来了。大家在他身上看到了绿化的希望，在铁心跟随中，也看到这个带头大哥和他们吃的同是夹着沙粒不时硌牙的干粮，喝的同样是半天不换就闻起来腥臭的水……

无声胜有声，谷文昌就这样又带起了一支志在封沙绿化的队伍，越发壮大。

苦心人天不负，20亩木麻黄树苗在试种中基本存活了！

人人欢欣鼓舞，想象着眼前荒岛过一两年就可能变成一个郁郁葱葱的绿岛。另一个难题却又拦在面前：树种不够。

毛主席在北戴河会议上提出"要使我国的河山全部绿化起来"。国家为了推广绿化工作，从国外弄回来一批木麻黄树种，加上省林业厅和县里四处的采集并育种，终于让谷文昌日夜盼望的大难题迎刃而解。

捧着这些辗转而来的珍贵种子，谷文昌像捧着一颗颗珍珠。每每给各单位分发树种，或指定专人培育，他少不得要告诉干部群众：毛主席关心绿化，相信我们东山能种树，我们种好了树，才能迎接毛主席来看呢。

1958年秋成立的人民公社，为社队统一行动提供了有利条件。五六年前的东山保卫战弄出了大名堂，东山人都知道毛主席的表扬，如今再在人民公社的体制下经谷文昌振臂而呼，就在东山百里长滩布开了造林战场。

种子撒遍东山大地，那个谁造谁有的大胆政策，连着相关细则也随之播进心田：集体种植实行包工、包产、包成本、包质量，同工同酬，一亩以上的育苗可以抵消相应的征购任务……

谷文昌也就这样心无旁骛，调兵遣将。每逢雨天，有线广播即刻播送造林紧急通知。其实不需广播，雨声就是命令，就能代谷文昌"一呼百应"，各级干部已然习惯于闻雷雨而动，放下手中工作，身披随时待命的雨具，带上锄头或铁锹，二话不说就奔赴各自植树造林战场。从四面八方向雨阵奔来的，是数十倍的群众和学生，也几乎人人没穿鞋，谁都知道谷书记正挥汗如雨地和他们在一起。

那些年，东山除了巩固海防，没有比植树造林更要紧的事了，雷打不动地闻雨而植，那也是抓住机遇呀，全县上下人人都对植树着了迷，为的是让绿色快些染遍海岛！

成千上万人同上战场，汗水与雨水交融，歌声同雨声齐飞，如此场面气贯长虹，天地能无感应？对头的时间遇见对头的环境，一株又一株木麻黄开始倔强地把根深扎在沙土里，只要有一丝雨露就茁壮生长。

都说万物皆有灵性，我甚至联想，木麻黄在东山蔚然成林，何尝不是为了回报谷文昌和这片土地的厚待，不负众望地成为风沙的对头。

1959年3月后，又成"一把手"的谷文昌，更多的身影依旧在植树造林等工地现场，常常还是带病上岗。

中学在读的大女儿谷哲慧，偶遇过种树的父亲。一天她跟随全校师生在沙滩散开植树时，一名同学从前头跑来，小声对她说我看见你爸在那边，他好瘦啊。谷哲慧急忙拿了自己的水壶跑过去，母亲不是说前几天父亲的肩膀被扁担压肿了，脚踝也被沙窝扭伤了，怎么还顾不上休息呢？她请父亲喝口水歇歇脚，喘口气。谷文昌说女儿啊，我这边有水呢，你不要给我送，快回去吧。她无比怜爱地坚持说，爸爸您要喝一口我的水我才走。谷文昌呵呵笑了笑，喝罢把水壶递还给女儿，催她快回去，多向老师同学学习种树。边说边弯下腰又种了起来，浑然不管女儿的眼眶里泪水直打转。

通讯员何坤禄记得清楚，一天早饭后，感冒高烧咳嗽中的谷文昌,刚喝下一碗中药,看到窗外天色忽暗大雨将至,就要赶去白埕的沙地参加种树。何坤禄劝他别去,淋雨后再患重感冒怎么办!谷文昌说下雨正是造林的好时机,植树我是第一责任人,喊破嗓子不如干出样子,再说干活出力流流汗,病才好得快。这天谷文昌连跑几个队检查指导造林,并亲力亲为,一身泥水赶回县里时,已是掌灯时分。

这样的场景妻子见多了,一天她端上一碗热汤,心疼地说:"老谷啊老谷,你的命还要不要啊?"

谷文昌摘下雨具,接碗咕噜喝下,话语里充满对冒雨种树的干部群众的感动:"老史你看,那么多干部群众没个棕衣,一天淋透两三套衣服,都还在干呢,你问过他们要命不要命吗?"

不需他说,妻子也看到了广大干部群众热火朝天投身造林运动的场面。她和孩子们也在群众中呢,也是植树大军的一员呢,她只是不希望他忙得连病都顾不上!

每天的事连轴转都忙不完啊。春耕夏种不得有误,否则难以想象;水利工程、灌溉工程、教育大事一个也不能耽搁,此外还有多少一枝一叶总关情。台湾海峡上空却不时飘忽着战争的阴霾,身处对敌斗争最前哨的东山,动辄就要拉紧海防这根神经。

月月备战之中,工作千头万绪,谷文昌没搁下造林治沙这个头等大事,一有空闲就要关心种下的树:你们今天去种树了吗?我们种的树长得怎样啦?他一再告诫各级领导:"造林治沙是一场大战役,我们的决心千万不能动摇。风沙不治好,生产难发展。久而久之,人民就不再信任我们,我们一定要把这一仗打好。"

他要各级党委真正把造林工作摆在议事日程上，订计划，表决心，说到做到。有位公社书记对造林抓得不紧，谷文昌为此提出警告："你这个书记今年只管造林绿化，其他工作县委另外派人搞，待把造林抓上去后，你再负责全面工作。"

星星之火可以燎原，东山开始一星点一星点地变绿。九株木麻黄推进着20亩丰产试验林，再变成孕期相衔的苗圃，海潮般向各村各山头漫去。有了谷文昌矢志不渝的双管齐下，每个公社和大队都建立了长期的育苗基地，到1959年全县育苗1004亩，出苗一千多万株，不仅满足了大造林之需，还能大力支持省内外。

不停地种，不息地长，群众的造林经验愈加丰富，斗志愈加昂扬。1960年夏天，眼见400多座山头、3万多亩沙滩、大半个东山都披上了一件绿色的新衣，征服流动沙丘却又遇到新难题。在这些高达数丈的沙丘上种树，树根压根吃不到地下水，而且沙丘水性杨花般随风移动，拖累得树木更难成活。有人提出对这些沙丘先种草固沙再种树，可那样做时间太久、花工又大，也不易解决问题。

谷文昌问计于民，和技术人员从老农蔡海福创造的"沙穴灌泥""带土移植"经验中加以总结提高，继而向全县推广，以公社为单位，把全岛四十多个主要的流动沙丘全部"带土移植"种上木麻黄，居然都活了！过去年年移动的害群之马——沙丘，从此给永远地镇住了！

《福建日报》记者夏乡又适时来东山捕捉新闻和闪光点了。一来二去中,他和谷文昌成了无话不说的朋友,这次陪同下乡,看到二十多公里长的地带上几乎每天都有五六千人在种树,夏乡情不自禁地说:"我看过苏联小说《钢铁是怎样炼成的》,也算见识过东山这个绿岛是怎样炼成的了。前一个主角是保尔·柯察金,后一个主角是谷文昌,领导了造林治沙这个不可战胜的群众性运动。"

　　"我听我儿子讲过你说的书中主角保尔·柯察金,但后一个主角不是我,是党领导下的东山人民,东山人民是取得造林防沙成绩不可战胜的力量。夏记者你要多宣传他们中的先进人物,比如蔡海福,比如吴银香……"

　　谷文昌称赞南埔林业专业队队长吴银香是个"李双双"式的林业战线模范,后来,吴银香被推为全省妇女先进典型。

　　此后,200余条林带,以每条宽50米至100米的"奢侈",以总长达200公里的规模,严严实实地镶嵌在东山大地上。"风妖"和"沙虎"望风披靡,像是被法术扣在了宽大的绿衣里,原有的叫阵自此偃旗息鼓。就这样绿了万亩山,脱了万代贫。

　　在"荒岛变绿洲"的乾坤大挪移中,谷文昌念的是"人民经",恰又是人民跟着他一起炼成了此"功"的最高境界。没有人民群众矢志不移的跟随和众志成城的努力,哪怕本事再大,也无济于事。谷文昌深知此理,功高而自谦,儿女们从他的反复念叨中永久记下了毛主席语录:"人民,只有人民,才是创造世界历史的动力。"

★ 当年的林业队长、"全国治沙劳动模范"林多默(左一)带着大女儿、大孙女在60年前种植的木麻黄树下讲述他与谷文昌的故事。

把功劳归于人民的领头雁,天空在眼前才会显得更加辽阔高远。

2020年秋,谷文昌同志诞辰105周年这天,我带着六名党员干部远道再寻九棵树。

在白埕村,耸立在蓝天白云之下的九棵参天大树,远远地向我们招手。当年这里是乌礁湾海边的风口,吾辈复登临,无论如何也难以想象当年风沙肆虐、田园荒漠的情景。每一个移步靠近并抚摸端详它们的人,都能在谷文昌留下的遗物身上听到故事,读到深情,获得启示。

我看过它们小时候和谷文昌的合影,一晃一甲子,当年的小树苗在这座海岛的生态防护林带中依旧是雄风不减、福泽百姓的翘楚。这九棵当年让谷文昌如获至宝的树啊,何尝不是让东山由丑小鸭变白天鹅、给百姓脱灾造福的缩影。谁来这里仰望而不若有所思呢?

可以说,谷文昌当年判断并坚信的能活九棵就一定能活九千棵九万棵,绝非只凭一时热情的慷慨陈词,更不是凭主观臆断的虚妄之言,而是建立于尊重科学的基础之上。这不是蛮干,而是从实际出发、按规律办事的巧干,所持乃正确的思维方法和工作方法。

空话和大话难以为继,再大的"卫星"都会一头栽落,树一棵棵地种一株株地活才是硬道理,才能使干部群众的热情和干劲持久,且干在前头,落到实处。谷文昌在任那些年,带领百姓植树造林逾八万亩,单就为改变东山千百年来恶化的生态而言,功追大禹!

看见木麻黄,想起谷文昌。树成先锋,人更是先锋,双双挺拔着成为抗击风沙的第一道屏障。"我见青山多妩媚,料青山见我应如是",换了两个角色,恰也是这般惺惺相惜。正是有了这样的树,有了像树一样的人,把"沙虎横行人难留"改作了"沙滩变成聚宝盆"。谷文昌个头不高,却在天地间站成了一株比木麻黄还要高,且更有精神生命的大树,植在广袤的大地上,植在广大的东山人心目中。一同树立的,还有他"始终把百姓放在心上,一切从人民的需要出发"的事迹和名言,木麻黄品格在他身上怎一个鲜明了得,能不是他人格的写照!

这天前来九棵树前凭吊的,包括当地同行和司机在内,恰好九人。"没有花香,没有树高,我是一棵无人知道的小草",我们九个人带着敬重之心站在九棵比我们年龄都大的树下,好像就站在谷文昌身边。却总觉得有个朴实无华的身影,也如小草般站队,那不是谷文昌又会是谁呢。

一个甲子过去,当初九棵稚嫩的木麻黄早已长成参天大树,谷文昌面带微笑呵护它们童年的黑白影像,永远定格在我的心中。

告别这九棵树,去县城,去乡镇,去每一个地方,眼前的东山到处是层层叠叠的绿色屏障,天蓝、海碧、沙白、林绿,国际著名的生态旅游岛名不虚传。一路上,我眼前和脑海里不时跳跃出谷文昌当年在会上、在田地、在农舍、在沙滩向干部群众描绘愿景的画面。

在漫山遍野,在海边,我走近并凝望着堤岸上一排排的木麻黄。植物学辞典对木麻黄大多这样描述:根系深广,生长迅速,萌芽力强,耐干旱,抗风沙,耐盐碱。这何尝不可

★ 谷文昌和东山干部们一起劳动。他们在风吹雨打中也站成了一棵棵树。

以用来描述谷文昌精神呢。有一种力量,时间越久越能充实人们的心灵,与东山根土相依并将之炼成绿岛的木麻黄,就这样引人遐思。

九 进化者：绿岛这样炼成

有些泛黄的一叠报纸摆在我们的眼前，那是《东山日报》到《东山报》的"芳颜"。

林泽传老人翻着，说着，如数家珍。当年，他是这张报纸的编辑、记者，这也是他1958年从外地来东山后的第一份工作。

《东山日报》堪称为树而生。1958年4月1日，也就是东山县委、县人委发出"上战秃头山，下战飞沙滩"号召的第19天，海岛东山开始有一张对开四版，带着清新油墨香自产自销的报纸，由邮电局向岛内外公开发行。谷文昌希望它能在新的历史起点上"与树共舞"，成为动员全民造林治沙的有效载体。

是故，这张报纸出生以来，就发表了许多鼓舞士气和推

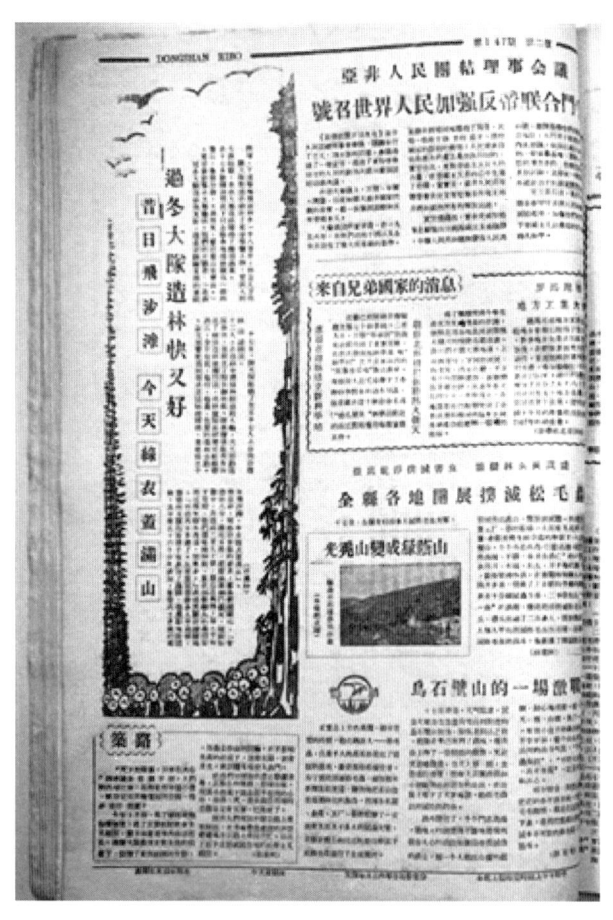

★ 1959年2月20日的《东山日报》二版。

广植树造林经验的各类体裁之作，如《绿化歌》《治沙是百年大计》《今天的飞沙滩，明天的金银滩》等等。仅从这些文章标题可见，它在轰轰烈烈的社会主义建设高潮中，充分发挥了发动群众的"号角"作用、大造政治舆论的"喉舌"作用。

报上经常有谷文昌的身影和声音。他曾发表《鼓足更大干劲，彻底消灭旱灾》《党的领导的胜利，群众运动的胜利》等多篇署名文章，留下了那个时期的烙印。

我们看到，1959年2月20日《东山日报》二版有一篇题为《昔日飞沙滩，今天绿衣盖满山——过冬大队造林快又好》的报道。说的是，过冬大队提出"北战荒山，南战沙滩，大战雨天，誓把荒山变青山"的口号，划分3个战区，分片包干、包时、包量、包质，并在2月17日这天组织300多人上山突击造林。是日下着雨，社员们仍坚持种树，4个小时内共种下3万株。抱着孙子参加造林的老阿婆何玉霞激动地说："我活60多岁了，从未看过这么多人来栽树……"

再从该期报纸配发的《光秃山变成绿荫山》新闻图片和报道可知，是时东山岛的山头已披上绿装，群众性植树造林的干劲有增无减，绿化成果在不断扩大和巩固。

时隔多年，林泽传还能择要诵读当年该报所发《绿化歌》：

战令一下红旗飘，
万民齐动日月摇。
大闹荒山战沙滩，

绿化歌声冲九霄。

他还说到,1960年6月上旬,东山三日连着下雨,全县出动3万多人次,造林上万亩。继而,天色一变,千军万马又转入一场"滴水必争,株苗必保"的抗旱之战,人定胜天,大家死死确保着造一片活一片。

沙滩造林成功之于谷文昌,犹如中国革命在绝境中看到绿洲,他始终没有头脑发热,总认为这仅仅是绿化东山的第一步,步步为营,环环相扣,才能有今后的步步莲花。在谷文昌绘制的蓝图里,少不了治理公路风沙害这一步骤。

一个台风来袭之晚,陈城公社干部群众连夜抢修面临决堤危险的水库堤坝,林泽传为掌握第一手材料,连夜骑车奔向现场,月黑风高,只能凭借一点微微泛白的沙土公路行进。在山口路段没看清一堆与公路颜色相近的沙丘,他骑车直冲上去,摔得不轻。谷文昌结合一桩桩事故,要公路段段长立下军令状,飞沙堵塞公路非得破解,确保公路畅通无阻。于是,每逢头夜刮大风,公路段便有人在次日清晨到易堵路段清堵,做到风沙随堵随清理。谷文昌认为这种做法毕竟是权宜之计,而非根治措施,他又径自骑车来到风沙危害最烈的公路地段,把公社领导和公路段段长请来,道出了他深思熟虑后的一个设想:在风沙最大的风口营造一公里高标准公路林,给全县做试验。

一番准备后,谷文昌自带锄头,和营造公路林带的民工一同上阵,并在现场和技术人员运筹帷幄。这一段公路"屏障"日建日绿,谷文昌每每途经此地,都雷打不动地要仔细察看木麻黄的生长态势。一见枯苗，马上责令补种。高质量的造林，加上精心的养护，使这一公里的公路林不出两年就增高三四米，棵棵枝繁叶茂，两旁树梢交织起来，当空的太阳渐渐无法再在公路中线透进大片的阳光，偶尔才见婆娑晃动的光影。

在这段绿荫掩映的公路上，谷文昌不止一次自豪而风趣地向上级和来宾们介绍，这就是东山的"林荫大道"。正如大面积造林后，不是绿化的结束，而是绿化的开始，一公里"林荫大道"犹如东海活蹦乱跳的章鱼，很快就延伸开来，构成了全县纵横交错的公路林带网。

"谷书记不仅是《东山报》的创始人，也是东山岛的播绿人！"不需林泽传强调，我们已从报上那些诗文的字里行间，窥见东山干部群众当年在谷文昌领导下战天斗地、植树造林、改造自然的精神。

告辞出来，同行女编辑告诉我，下午翻看旧报纸旧照片的情景，让她想起《忽然间长大的我们》这首歌。她轻哼了几声："泛黄的旧照片，再翻看一遍，回想起那些年每个熟悉情节，仿佛回到昨天……"

说着那些熟悉情节的林泽传，分明回到了有谷文昌在场的昨天。

谷文昌重视办好报纸，强调一定要始终围绕着党的路线、方针、政策，热情讴歌各条战线涌现出来的先进事迹，宣传各行各业艰苦创业、改造自然的好经验。他除了指定县委副书记、宣传部部长陈维仪兼管报社，自己也常到报社指

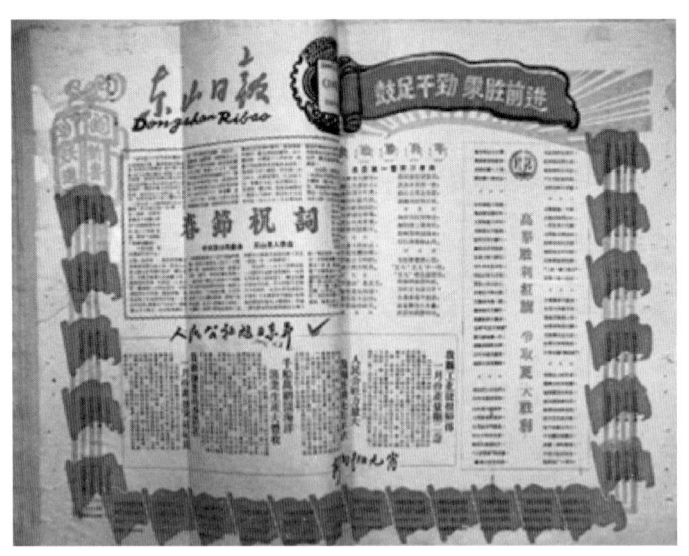

★ 1959年春节的《东山日报》。

导工作，和主编黄鸿度一起研究宣传上的"长计划，短安排"，要求连续不断地跟踪报道植树造林、兴修水利、移山填海、修筑海堤等大事，提振干部群众冲天干劲。还规定每逢重大节日、重大事件，报头和主要标题都套红，显得醒目而喜气。

人们在报上感受到了县委的造林决心，读到了群情鼎沸："铜山变金山不是遥远的事，只要再苦战三年五载就能实现！"人们在报上看到了各条战线上的先进人物，看到了社队之间的比学赶帮，看到了一年年刷新的植树造林成绩：1959年全县造林面积44500亩，超过年计划26%，比上年增长翻了一倍多，是新中国成立以来全县造林面积的总和。

有一次，谷文昌在省里会议上，坦言违背客观规律的密植贯彻不下，"今年推，明年飞"，群众有自己的算盘，"人在密植，人走稀植""路边田地密植，偏僻田地稀植"。他还念起了群众新编的顺口溜："县委号召，区委强调，区干教条，乡干官僚，老农念狗少（闽南土话，指发牢骚、骂人）。"

在举国上下"卫星"频放之下，《东山日报》也曾勇敢地放出自己显得比别人小几号的"卫星"，如："1959年丰收喜讯一个接一个地从四面八方传来。杏陈公社张家大队牛仔笼生产队晚稻9.84亩，收干谷7478斤，平均亩产760斤，比去年增产六成六，其中最高的妇女试验田1.5亩亩产800斤。这片高产田每亩有效穗数20万穗到25万穗，每穗平均160粒，多的300多粒。分别由县妇联主任史英萍、公社党委书记林宜金等参加收割和现场验收，起秤产量核实。"

人们在报上也读到了大量的护林宣传图文。

那些年，报社记者跟随下乡，谷文昌看到树折枝断现象，哪次不是眼里冒火，疾言厉色？！有一次，几株高出人头的木麻黄差不多被腰斩，看到谷文昌打从树前经过，在风中瑟瑟发抖，似在委屈而泣。谷文昌起初还以为是敌特破坏，提出要严查。得知是老百姓要烧柴，也可能是被顽皮的小孩折断，他也生气起来，从不骂人的他这次少有地一脸凶巴："树是我谷文昌的孩子，也是全东山人民的孩子，谁家的孩子能忍心弄残，这样下去怎行？！"虽然没有大动干戈地追查藏在群众中的"凶手"，他也严令各有关单位加大教育，随时督查，加强林业管理。

育苗是关键，林业管理也是大问题，甚至，护林管林比育苗和造林还难。1952年首批在石埔种下的马尾松，其命运就让人扼腕长叹：群众开始先摘叶，后折枝，最后连根拔。如果只顾眼前柴火供需之利，"偷"枝"拣"根现象成风，只怕这些树朝不保夕，如何成万年根，从来独木难成林！

东山历史上就缺柴草，柴火和粮食大部分靠大陆运进。燃料贵如金时，群众只好拆床毁柜来过日子。新中国成立后情况大为好转，但短视行为到底无从根绝，个别群众在利益驱使下，以为拿点枝丫回家烧火无伤大局，手脚一重，就乱砍滥伐起来。

鉴于此，县里1957年在石埔、1958年在坑北召开现场会，共同讨论护林问题。起初采取批评、罚金、判刑等措施，但谷文昌总觉着不是办法，也非长久之计。1958年全县大造林运动发起后,谷文昌要求各大队都组织专业队管理,但光有此举也还是不行,关键在于发动群众、教育群众,进行算账、对比,宣传护林好处,形成群众性的护林运动。

集思广益中,终于使出了一招:让社员制定护林公约,执行奖惩制度。

白埕、后林群众提出砍一株罚栽十株的办法,得到大家拥护和执行。谷文昌闻而称善,一次专门到白埕大队检查防风林,发现赤塗小队的林带被砍掉两棵。经调查,系某村民建房子私自砍掉,谷文昌适才还微笑的面容顿时成包公脸,严令要按村规罚种20棵。接到被罚者按规定补种的报告后,谷文昌居然还从百忙之中前来检查,发现还是少种了两棵。再经调查,原来是被罚者将两棵弱小的木麻黄树种合在一处种了,结果再被罚补种。

采石大队发现一位村民砍树30棵,马上勒令其罚栽300株,保种保活,种不活再种。如此动真格,任谁也不敢擅自砍树,连牧童经过树木时也倍加爱护,逢到邻县群众前来砍树,还出面制止,并报告给队里。

在造林、护林过程中,谷文昌的做法是有堵有疏,疏堵结合。县里据此先后颁发《关于发展林业生产政策的处理意见》《关于造林护林和处理林业政策的初步意见》《关于制止乱砍滥伐森林的布告》。谷文昌不是"文件控",还要求各级组织及时解决群众眼前利益和长远利益的矛盾,出台各种办法帮助群众解决缺乏柴火的困难:"安排时间组织社员外出割草;把农作物的秸秆除做肥料、饲料外,全部分配给社员；允许群众在防护林带下拾树叶；促商业部门调进煤炭，零售给群众代柴烧；把收获的树枝和树叶分给社员……"

对这些新气象的报道不时刊登在《东山日报》上，谷文昌结合各大队社员自制的护林公约，以及站在群众利益角度上的各种办法，有效地化解了矛盾，密切了党群关系。那些向来缺柴的大队，做到了柴草基本自给，解决了农具用材问题。有些社员开始用自己亲手栽培的林木盖起了牛圈猪舍、搭起了瓜棚等，增加了收入。林泽传了解事情的来龙去脉后，由衷赞叹："悠悠苍天，当知谷书记的苦心孤诣！"

这份发行量曾达千份的县级日报，是报刊丛林中的一枝花。由于人手严重不足，1959年5月1日起改为两天出一期，偶尔也三天出一期，报名也改为《东山报》。到1961年2月底停办，共出版了503期。

在东山县档案馆，我特别寻找到了最后几期报纸。与创刊之初不同，言及植树、造林、治沙已少，大多讲的是春耕。502期头版讲县委召开扩干会号召全党全民立即行动起来，谷文昌号召"迅速地掀起春耕生产大高潮"。最后一期头版套红"千方百计争取今年农业丰收"，并推出典型"好秧半年稻，壮秧保丰收——后林大队育壮秧苗五落实"。

之所以在最后几期报纸看不到造林治沙等字眼，也许时值春耕，也许东山植树早就不按"万木喜逢春"的常规来，但不管如何，东山这时的"高潮"不再是已然功成的植树造林。《东山日报》在见证绿岛妥妥地炼成后，也"功成身退"，带着这些图文并茂的见证被夹进美好的记忆册中。

"困难时期,一个县能办日报委实不简单,县级日报到现在也还是凤毛麟角呢!"

林泽传所说不假,《东山日报》的历史作用值得肯定,文史资料更加宝贵。在那个信息不发达的年代,一则则中外新闻资讯是当年难得出岛的东山群众开阔视野的窗口,而一篇篇如实报道,则给今天的人们留下了那个激情燃烧年代的火红印记,真切记录着谷文昌勤政为民的身影。我更知道,林泽传之所以情动于怀,乃因为这其中也倾注着他们这些办报人当年付出的心血和美好心愿。

"报纸停刊后,我到省城学习,一度有机会留在外头,但两年后还是选择回来,只为这里是东山,这里有谷文昌……"

《东山日报》停办之后,林泽传仍以他在东山炼成的"新闻眼",持续见证着绿岛"炼"得炉火纯青,不时在省内外发表文章宣传这一片绿。

十 劳动者：县委书记和他的农民兄弟

房子早就只剩残垣断壁了，这里不曾出过王侯将相，也不是名人故居，何以还在吸引人们参观？是这个农家曾住过县委书记谷文昌，并由他出钱帮助修建过吗？不，这样的认识太狭隘，这里流传着当代"高山流水遇知音"的故事，这里能让官员在反思"我是谁""为了谁""依靠谁"时来个自问自答。

这里既非酒楼又非会所，实系方圆数公里最赤贫的农家，是什么吸引县委书记经常光临？一个老实巴交的农民如何成为县委书记的知音？

谷文昌下乡调研，绝不是浮光掠影转一转，蜻蜓点水走过场，几乎都要住下来，短则一两天，长则半月。龚自珍自谓"愿得黄金三百万，交尽美人名士"，或许是多数人的幽梦，但谷文昌却不是，他自定的目标是每次至少要交三个朋友：一个老贫农，一个队长，一个困难农民。全县400多名生产队长，谷文昌能叫上大半以上的姓名，一时半刻叫不上的也基本"混"成了熟脸。那时没微信，但他的朋友圈里大多数都是这三种类型的朋友，其中一个叫蔡海福的贫困农民，最是联系密切。

他们相识于1958年春天的一次灾后。那天，风沙又一次清洗了陈城公社湖塘大队，第一时间赶来视察灾情并立志要改变现状的谷文昌，在问计防风治沙的方法时，听说了社员蔡海福在沙滩上带土种植西瓜获得成功的消息，马上登门拜访。

谷文昌操着一口浓重的河南话，这让蔡海福一家不知所云，只得靠人翻译。听说来者乃县里最大的"官"，农民一时的紧张和不知所措可想而知。但眼前这位"大官"衣着朴素，脸庞清瘦黝黑，额宽颧耸，眼眶微陷，实在看不出与农民有何两样，尤其笑容可掬，讲话亲切和气，一声"老哥你好啊，饭吃了吗"，连同随后递上的烟，让蔡海福一身紧张才慢慢放松下来。一通交谈，谷文昌喜欢上了这位大他两岁、性格爽直、吃苦耐劳、对农业生产有耐心且富于技术本领的农民。

因为语言不通，接管政权的南下干部遇上的第一个严重障碍来自交流。和东山百姓无从谈起，彼此的话都犹如鸭子听雷公。谷文昌起初向一区，继而向全县的南下干部们提出：少说多做，少辩解多鞠躬多微笑，以实际行动让百姓了解和相信党的政策，在交流中学听学说闽南话。这些年来，谷文昌一直以身作则，绞尽脑汁地掌握了当地一些日常用语，在以民为师的沟通中就顺畅多了。

蔡海福只当县委书记纯粹路过，礼节性做客，岂料书记每每下乡到湖塘村一带,都少不得上门聊天。两人一同卷着土烟抽,谈论起植树、育苗来就没个完,还经常卷起裤脚,风里来雨里去,一起探风口、查沙源、找良策。

一次,沙滩近旁似乎遗世而立的几株苦楝树吸引了谷文昌的眼光,他忍不住就问:"老哥你说这苦楝树真不能大面积种?"

"这苦楝树一到秋冬就落叶,起不了挡风固沙作用,命也不长,六七年光景,种多了也是白搭。种树不讲树种和方法不行,就比如前年县里大建沙坝和防沙堤,显然小看了东山的风沙,比老虎还凶,再高也能飞上去,能有多大效果?所以还是得种树,得找到合适的树种,得有专门的方法。"蔡海福边说边揉那双长年被风沙打红的眼睛。

谷文昌深有感触:"是啊,也怪我们当初没多向老哥请教,劳民伤财了。"

一路奔走,不觉暮霭沉沉,满天的星星提着闪烁的小灯笼,在为摸黑而行的他们照明。

谷文昌成了蔡家常客后,有时也留下来吃便饭,如同一家人,蔡家煮什么谷文昌吃什么,多数吃的是番薯汤配咸萝卜干。谷文昌并不白吃,隔段时间就要给些粮票和钱,说是交伙食费,其实也是变相的接济。如蔡海福拒收,谷文昌就生气地说:"你不收下,我今后就不来你家吃饭了!"

谷文昌和蔡海福的话可真多啊,有时讲得蔡海福的妻子女儿都熬不住了,满天的星斗在她们的眼前睡去又醒来。好几次他们还同住一室,哪怕室内味道再不好,都不在乎。许多意想不到的事只道是寻常后,他们就这样成了无话不谈的朋友。

一天，谷文昌把一包沉甸甸的东西交到蔡海福手中，一脸的郑重，像是面对世间尚存不多的珍宝。原来，这是他派人从广东省电白县带回的一批木麻黄树苗和种子，请蔡海福试种和育苗，并说："要抓种子，抓良种，澳角妇女说'好布自己织，好子自己生'，说得真对，想要好种就得自己培育，老哥这回就看你的啦！"

那时，地区和省里头都没有什么木麻黄种子，辗转多地才不容易求到，弥足珍贵。在植树上已有过数次失败的谷文昌，如此重托，寄予了多大的信任啊！蔡海福捧在手心，暗暗发誓要像对待生命一样绝不辜负。

很快，蔡海福就在沙地上建起了苗圃园，在园里搭起简易寮棚，平时就住在寮内，忙时请个帮手，日夜精心管护，抓好育苗的各个技术环节。来自县委书记的嘱托，让蔡海福一脸自豪，更是没齿难忘。他真是拼了，为了育种没日没夜工作，好几个冬天雨冷风大，还拉着妻子女儿和一排树围坐一起，吃饭时似乎都能听见种子发芽的声音。

育种过程的漫长、寂寞与清苦，谷文昌心知肚明，所以不时过来陪同。每次见面，他们诉说的都不是彼此的心酸与不易、痛楚与艰难，只要一说起欣欣向荣的苗木，两人眼里就不由得发起光来，照见了对方的心。他们都知道对方把心交给了树林，交给了东山，一交就是一辈子。

当沙地上冒出一片绿油油的树苗时，谷文昌闻讯赶来，眉开眼笑："老哥，你为东山造林立大功了！有了它们，不仅能生出千秋叶万年根，还能让这一带荒岛变得郁郁葱葱、山清水秀啊！"透过眼前的滚滚黄沙，他们似乎看见天边的荒滩变成了一片绿洲。

谷文昌和蔡海福一次次试种和观察，一天雨后终于在几处沙丘旁发现了又一个让他们狂喜的奇迹：厚厚的沙堆上挺直了一排嫩绿的生命，骄傲地伸展着一簇簇丝线般的针叶。原来木麻黄虽耐旱，却又喜水，凡是雨天栽种的，两三天就能生根！难关一个个突破，木麻黄扎根东山之谜一点点揭开，谷文昌高兴得手舞足蹈，半跪在沙滩上，伸出颤抖的手动情地抚摸。

湖塘村的干部群众好奇了，问蔡海福："老蔡，你与谷书记有什么关系啊，人缘怎会这么好？"蔡海福爽朗回答："有，我与谷书记结的是树仔缘！"

一天，谷文昌带上刚好下乡到陈城公社的妻子史英萍，一起来苗圃看望蔡海福。得知蔡海福独生女蔡凤娥已是公社的劳动能手，谷文昌高兴地说："老哥老嫂，只要你们同意，我们也把凤娥当亲闺女看，今天我们夫妻就认下了！"因家境贫寒从没上过学的蔡凤娥，看到县委书记这样不嫌弃，感动得当场流下了眼泪，从此对谷文昌夫妇以阿爸阿妈相称。

蔡凤娥知道树种和苗圃是谷爸爸的心肝宝贝，所以也和母亲一样，尽心尽力帮父亲"打下手"。那些种子撒地出苗后，再来区分苗种，分头移往苗圃再施肥、浇水、培育，长到一定程度再发往那些虚位以待、多多益善的沙地种植。树苗若不甚多，就由林业队种下，多时就发动群众一起种。

沙荒植树，各地办法不一。白埕大队采取的是先打穴，然后挑来池塘泥，最后栽树。这样种树大多能活，但花工多，也没那么多池塘泥。比较来比较去，谷文昌还是觉得蔡海福创造的树苗带缩土之法最好，方便省事不说，幼林长得还粗壮，移植后成活率也最高。

蔡海福试验之中，一日，谷文昌去试验地看了，只见一字儿排开的一长溜幼林，在风吹雨打中七歪八斜。谷文昌俯身和他小心翼翼地一一扶正后，沉吟道："老哥为何只栽一行两行呢？何不多栽几行，采取多行合理密植试试。"

蔡海福如获天启，一试之下，树木长直了，也茂盛了。谷文昌试着让人在公路旁推开，每边栽六行，株距二市尺。如此这般，这些"土客沙""沙客土"植入沙荒肌体的木麻黄，相互间像是有了依赖，并肩抗风，越挫越强。

蔡海福创造的沙地"带土造林"经验，就这样被谷文昌推广到了全县。谷文昌带头，一次又一次，按照蔡海福的现场技术指导，先用泥浆包好树的根部，然后放入挖好的坑内，再填上泥浆，用脚踩实，浇上水。

沙荒造林，比山地和房前屋后种树更为困难。虚心向蔡海福等人学了一手的谷文昌，除了自己种，还在别处冒雨指导别人。他对种树提出严格要求，每棵树坑的深度和宽度都得有1.5米，种树后浇水要多，才能保证它们有能量蓄势待发。

如他们想象的那样，这些留下了他们一串又一串脚印的沙地上，种一株活一株，栽一片成一片，千年的沙荒慢慢就有了生命的三魂七魄。

小面积沙荒造林的成功，为谷文昌指挥展开大面积沙荒造林鼓足了信心。新的困难却也跟着杀将而来，种苗不足让人愁眉不展。大面积造林需要的种苗多如牛毛，又不能光伸手向上级等靠要，或向四面八方求援，只能如那年代喊的口号那样，奋发图强，排除万难。不是组织社员到外地深山采摘种子，就是发动各队自办苗圃，甚至牺牲一点眼前利益，拿出些宝贵的耕地来育苗。在这当中，蔡海福的贡献，除了谷文昌眼前那个一年四季生机勃勃的苗圃，再就是创造了少用耕地育苗，而在沙地育苗、就地造林的经验。

那些年，不少人看到成千上万株树，在与风和沙的战斗中成长，当仁不让地活成了一片枝繁叶茂。那些年，不少人看到自己的县委书记时时在俯身种树。那些年，县委书记知道蔡海福亲手培育和种植的树苗灿若繁星，正是蔡记苗圃、蔡氏经验等等大显身手，让全县展开的植树造林运动没有"断片"之忧。

湖塘村的苗圃基地走上正轨后，谷文昌深感蔡海福这个"土专家"负责敬业，征得林业等部门同意，拔擢他为赤山林场林业队长兼技术员。县林业科有人大惑不解，这样的大老粗能行吗？谷文昌肯定地回答："我了解老蔡，他在育苗造林方面是土专家。"

木麻黄一旦成活，护理得当，就如雨后春笋般长得勤快，也不循规蹈矩地照十年树木的教条按部就班，不过三四年就能初长成。一棵棵树渐渐地长大，有了千秋叶的景象，也有了聚木成林的征兆，谷文昌欣喜而呼：木麻黄就是东山人民的"生命林"，我们要像爱护孩子一样爱护它。

有几次，谷文昌邀蔡海福随同检查，遇见歪倒的小树就亲手扶起，看到该剪的枝杈就用随带的剪刀随手剪掉；遇见被人为折损、砍斫的树，谷文昌痛心疾首，出离愤怒。这个外来的县委书记真是爱树如命啊，逢人就说："谁要伤一棵树，就是伤我的胳膊；谁折断一根树枝，就是折我手指。"木麻黄在谷文昌眼里，如同金枝玉叶啊！世系东山人的蔡海福看在眼里，动容之中，能不爱树如命！

蔡海福完成使命回湖塘时，谷文昌塞给他一包饼干。那天回到家，看到饼干片在妻女嘴里化尽，蔡海福的泪水一个劲儿地溢出眼眶。老婆惊问怎么回事，他说："我听谷书记的通讯员说，这包饼干买来后，他老婆孩子饿了，都没吃上一口呢，倒叫我们家给分吃啦！"

在植树、护林上，谷文昌和蔡海福观点近乎一致。合着蔡海福等人的建议，谷文昌提出各公社各大队甚至各生产队都要建立林业队，林业队根据本辖区的林地面积大小而定人数，由各生产队自派身体好、敢负责之人。队员们就是专业造林、管林，工分享受全大队的平均数。由此，62个林业队渐次建起，护林员最多时有1100多名。

县政府还专门下发红头文件，实行"护林有功者奖，毁林者赔偿"的奖惩措施，种树还要管树在全县上下形成共识：老天下雨就要冒雨种树；天旱时间一久幼树不返青，哪怕头顶烈日、脚踩烫得起泡的细沙、磨破肩膀，也要挑水浇树；遇到大风天气，就要及时把掩埋于风沙中的小树挖开，把吹歪了的树扶正；肥料不足，就到大海里捞小鱼小虾积肥喂幼树……那份爱树之心，虔诚得让树神都要为之感动了。

大大小小的林业队实行管理责任制，昼夜都得巡逻。兼任林业队长的蔡海福，为了护林，不论台风暴雨、天寒地冻还是夏日炎炎，他都提着马灯或打着手电筒，整夜巡逻，为的是不负谷文昌的重托。耿直、不讲情面的他，不管逮着谁在损公肥私，都要立即制止，要他们可别好了伤疤忘了疼；或向上级报告。他因此得罪了不少人。

谷文昌不止一次说，东山的绿化，蔡海福功不可没。面对慕名前来采访的各路记者，谷文昌总是谦逊而中肯地说："植树造林好比是一场人民战争，光靠指挥员，不能打胜仗，你们要多宣传第一线造林大军的事迹，树立榜样，用典型引路，建议你们去找蔡海福。"1963年，《福建日报》在头版显要位置刊登了蔡海福的先进事迹，并配发了他披笠荷锄在林地的照片。东山群众学有榜样，自发性的造林活动蔚然成风。

1964年4月，谷文昌调任福建省林业厅副厅长前，特地来蔡海福家住了一晚。谷文昌说："老哥啊，这次我沿途看到很多路段的树都长得茂盛，形成大树荫了，隔着路都凌空牵手，今后夏天在路上走，都可以不戴斗笠不打伞了。"

他们为艰难困苦玉汝于成的胜景而振奋，一个晚上说的都是绿化，还有郑重的拜托和庄重的承诺。蔡海福说："你就放心去管全省的林业吧，这里的一草一木我一定替你看管好！"

在谷文昌的举荐下，蔡海福先是戴上了省劳模的大红花，继而又成为华东地区造林模范。1964年《解放日报》刊载了《英雄造林锁沙虎》一文，称蔡海福是"东山县造林的带头人"。谁都知道,东山县造林的实际带头人是谷文昌,只是他从不揽功。

1967年的一天,谷文昌被东山"造反派"从省城押到东山顶西村。蔡海福赶了很远的路去看望,他不知道什么是"走资派",却坚信谷书记是个高洁无私的大好人,毫不避嫌地再三恳请他住自己家。谷文昌领会蔡海福的好心,却更担忧东山林业会不会出现乱砍滥伐,叮嘱道:"老哥你快回去,今后别来看我了,把护林工作做好了,就是对我最大的安慰。"

蔡海福知道谷文昌烟瘾不小,到不远的摊点买了两包烟再折回给他。谷文昌推辞不过,就从口袋里掏出两块多钱递上,蔡海福哪肯收,说这个时候就不要客气了。谷文昌说:"老哥你知道我这个人,收了礼物睡不着觉,再说你从早干到晚,一天工分也不过三毛钱,你不收钱我就不收烟!"硬是把钱塞到他手里。

不久,谷文昌被"造反派"押到湖塘村批斗。蔡海福恳请准许谷文昌到他家吃一顿午饭。这些"造反派"都是东山本地人,把谷文昌从动荡的省城"押"回东山,原本就是变相的保护,一见贫农劳模出面,自然也就顺水推舟。

看到几年不见的谷书记消瘦不少,身体不好还遭受如此折磨,蔡海福妻子和女儿不禁泣声一片。谷文昌感动得也流了泪,却极力安慰,说组织很快就会把事情弄清楚,希望他们坚强,一定要看护好来之不易的绿化带。他担心连累蔡家,草草吃过一顿难忘的午饭后,说什么也要回到"造反派"那里。蔡海福拗不过,只好悄悄地往他口袋塞了一包烟。

全东山都知道蔡海福和谷文昌过往甚密,有人要蔡海福揭发谷文昌,他却理直气壮地说:"谷书记是党的好干部,有哪点不好?他是说过乱砍一棵树就像砍断一条胳膊,这是为了管好林业,有啥不对?"

蔡海福如此"执迷不悟"地替"走资派"说话,加之在长期护林中得罪了一些人,便被上纲上线列为全省林业系统"清理"的重点对象,迎来了连续批斗62天、3根肋骨齐打断的厄运。1968年冬,体无完肤的他回到家中已然奄奄一息,家人伤心中,都准备锯下古式床的顶篷和屏风为他定做一副简易棺材了,没料他像尚未完全枯萎的木麻黄竟又挺了过来,说:"我不能就这么死了,谷书记的任务还没完成呢!"

缺钱医治,甚至连煎药的木炭也买不起,蔡海福拖一身病体,伛偻着身子看树护林。数九寒天,他披一件民政部门救济的棉袄,头戴侄儿复员时赠送的棉军帽出门巡视。活着,只为等谷文昌平安回来。他深信,只要谷文昌在,东山的绿化就不会毁于一旦,所有的努力和心血就不会付之东流。

人说独木难支,可他这根独木却一天天、一年年苦苦地撑着,从方头大脸撑到形销骨立。他连后事也都向亲人提前交代了:"万一我活不成,你们有机会见到谷书记,就说我没有对不起他。"

死去活来,望眼欲穿中,1972年的一天,谷文昌终于又一次出现在屋前,远远地亲切地叫着老哥,无限牵挂尽在话里。

两人互相拉着对方的手，那样长久，那样深情。得知谷文昌已从下放的宁化县调回龙溪地区当农林水办公室主任，蔡海福顿时热泪盈眶，喃喃地说："肯定是我们东山的关帝庙显灵，托梦给毛主席了……"

谷文昌搀扶着劫后余生的蔡老哥走出屋，边晒太阳边絮叨林事和家事。此时蔡家来了上门女婿，已有第三代。全家却仍然蜗居在那间阴暗潮湿、当年被戏称为第二大队部的小瓦房里，破旧的墙壁被灶烟熏得漆黑，冷风呼呼而来，原来外墙已裂开一条蚯蚓般的缝。谷文昌看在眼里，难过在心里，当场把身上的钱强塞给蔡海福，随后又出面找地方民政部门，说蔡海福是造林模范，要特殊照顾，给予资金补助，进行房屋修缮。

谷文昌又请蔡海福到漳州治病，要为他包揽所有费用。蔡海福婉言谢绝之后，谷文昌仍坚持让人送来一些必需药品。此后，只要听说蔡海福夫妇甚至女儿蔡凤娥身体不好，谷文昌总要想方设法和史英萍同去探望，像是走亲戚，时而送上自家省吃俭用节约的钱和粮票。

1978年5月，蔡海福病入膏肓。谷文昌急急坐了三四个小时车，来到东山蔡家。他有些情急，一把攥紧蔡海福枯瘦无力的手，开口即哽咽："老哥老哥……"反复摩挲着他的手，仿佛在安慰一个受惊的人。

"我没活头了，希望谷书记长命百岁啊！"见到日思夜想的谷文昌，蔡海福老泪纵横。

谷文昌也是泪流满面，紧握着命若游丝的农民老哥之手,问他最后的心愿。

"没了没了,这辈子能遇上你,能为东山植树造林,值了!"

蔡妻一旁含泪代答:"他种了一辈子树,身后能有副寿棺就好。"

"别听她瞎讲!"蔡海福挣扎着制止。

谷文昌感动而心酸,毫不含糊地说:"老哥请放心,这事我无论如何都管定了!"

未久,谷文昌心中的这棵"树"倒下了,有泪不轻弹的老八路泪如散珠,痛心哀悼。之后,他亲自批给0.35立方米杉木,为这位种了一辈子树的造林模范做了副棺木,让他得以在寿板中安眠。农民蔡海福能享受此等待遇,在那时的人看来,也算是人如其名,福如东海了。

县委书记和农民不是兄弟胜似兄弟的情谊,只因为两人有着造林绿化、根治风沙、福泽百姓的共同梦想,所以一见如故,很快从相识、相知到结下终生的不解之缘。在他们身后,脍炙人口的歌曲《美丽的东山岛》"每一棵小草都有情缘"之句,何尝不是对他们的致敬。

是的,东山本没有几棵树,种的人多了,树也就多了;东山本没有林,守护的人多了,这才成了林。携手走进林海深处的县委书记和他的农民兄弟,想必更能听懂木麻黄的树语,用一种快乐的声音对着群山不复单调地歌唱。

十一 目击者：这一处天堂

指点江山有无限想象，从架"桥梁"到通"天堂"，却到底"路漫漫其修远兮"。

谷文昌有时实在得一根筋。在举国高歌"大跃进"的年头，实事求是往往成为观潮、保守甚至促退的代名词。眼前的荒岛这几年已参差不齐地泛出了一些绿意，但"离天三尺三"，任重道远，仍需要无数人只争朝夕地"搭桥"。

入党宣誓，谷文昌牢牢记住了共产党是工人阶级的先锋队这个说法，他也愿意成为这样的急先锋，赴汤蹈火在所不辞。"大跃进"一些言过其实的话虽让他略有微词，却也没有停下脚步，他知道不进则退的简朴道理。与其说他在意"天堂"，不如说他更追求造福一方，为此哪怕前面风大浪高路不平，他也愿意像治沙那样逆风而行，直达终点。

万丈高楼平地起,理想中的天堂也要有基座,起码得先解决日常家用。

东山缺水,十年九旱。谷文昌拿出"向天夺水"的决心,提出大兴水利的口号。面对一些人所谓"东山一无山泉,二无河流,三无湖泊,无法修水利"之重重顾虑,谷文昌先让技术人员画出挖塘凿井的图纸,再结合东山的地理条件全面规划,因地制宜。

1958年4月,东山县委成立兴修水利指挥部,举办水利训练班,组织到外地、外省参观水利建设,掀起兴修水利高潮。谷文昌带给东山的独轮车,在水利建设中大显身手。岱南水库工地因实现了"车子化",并配以多种新式工具,大大提高了工效,为此还引来了全省水利建设现场会。有人这样计算:全县共推广车子3400架,每架只需2人,即可推千斤重,节约8个工,每架以200天使用计算,就可节约544万个劳力……

1958年10月,东山有史以来最大的水利工程红旗水库得以兴建。次月,国家水电部长钱正英进岛视察,肯定有加。

深受旱灾之苦的东山人民,跟上了县委书记"向天夺水"的步伐,不再像过去那样编唱"厝水日夜抽,有厝难保收,水坑年年挖,收粮无半箩""三天下雨田淹掉,三天不雨旱死苗,犁地哭,耙地焦,锄草急得只心跳",而是彻底摒弃了靠天思想,干劲冲天地掀起一浪高过一浪的"水战",上演着白天遍地人、晚上遍地灯的场面。

一眼眼水井、一处处塘坝、一座座水库、一条条管道逐步建起，孔雀开屏般展现。中小型水利并举和沟渠串联中，达成互相调节、综合利用之效。东山有史以来第一次，百姓的日常饮用水和农业用水难题迎刃而解！群众切身体会到水利是农业的"命根子"，为水利编了首新歌："一年辛苦，万年幸福。一年下本，百年享益。"东山"社社兴修，人人行动，全面开花"的兴修水利运动，成了1959年省党代会上的典型。

东山耕地面积不多，谷文昌和东山县委就提出以海为田，向海进军，多种经营，大力发展制盐、捕捞、养殖。

他还深入渔区调研，与渔民同船出海，体验渔民生活，了解渔民疾苦。旧时东山，没有一处良好的避风设施，很多地方的渔民长年"扛船出海，抬船上滩"，以此来保护船只，苦不堪言，在自然灾害下厄运连连。当年，国民党东山县县长楼胜利打着建港旗号，先从百姓身上榨出一笔不知含有多少辛酸苦泪的巨款，偷偷投进自家腰包，然后让民工强拆城墙的石块，于后澳港筑起了一道低矮堤岸。这个只为应付和欺瞒渔民的豆腐渣工程，根本经不起风浪的冲击。就在新中国成立前一年的那个夏天，大海突然刮起惊人的风暴，许多穿梭在海上的渔船来不及归航，便被无辜地吞没在惊涛骇浪里，泊港船只也被暴风巨浪冲拍得支离破碎。上百条船只被损，不少渔民葬身海底。站在国民党时期留下的所谓"避风港"的残体旁，谷文昌似乎听到了海边传来的无数凄厉的哭声。

国民党不管什么洪水滔天，谷文昌却把重建后澳等地避风港、保护群众生命财产念在心头、落在实地。

1958年5月，短短一年内，渔民们在后澳入海处看到耸立着庄严宏伟的建筑，在大海的细语低唱中惊喜地听到了福音！

谷文昌看到了避风港建起后让人满意的宏伟场景，他还看到，新中国成立初期全岛渔船都是破旧的木船，网具也相当落后。他一方面向上级争取支援，另一方面千方百计带领群众改造旧船，改进工具，革新技术。

1958年12月，谷文昌在全县会上提出口号，也是第二年的水产任务："海水无底，增产无边；力争水产，全省第一。"

翌年，经国家出口公司鉴定，东山水产品竟有14种赶上国际先进水平，其中紫菜干、鱼翅、虾肉都畅销国内外，有的在世界名列前茅。

一日在渔村，谷文昌看到避风港墙面张贴着《向海龙王下战书》："跃进号召响咚咚，千船万船齐出动，战书交给海龙王，快把鱼虾赶出宫。东山人民有决心，不怕龙王藏多深，若敢兴风又作浪，定要捣你水晶宫。"

谷文昌看了，望着眼前满满的收成，直笑："你们好大的口气，敢向海龙王下战书，不气死龙王才怪。"

一位年轻的渔民掩口而笑："以前龙王老气我们，禁止我们哪天哪天不得下海，我们也得气气它！"

听了原委，谷文昌说道："你们向老观念挑战，破旧立新，多想想招数，如何战胜海龙王。"

1960年，陈城公社一位副书记为了"继续大跃进"，争取渔业高产,下令渔民下海每人每次都得捕获250公斤才能上岸,"否则海做地船做棺材,死也不能回"。如此冷酷无情,引起渔民的极大反感,就反映给了谷文昌,请他为民做主。曾在城关渔区工作的谷文昌,知道捕鱼要受天时制约,违背天时就是违背自然规律,给渔民的生命财产带来威胁,因而无法容忍此行,称"胡闹至极"。谷文昌冲冠一怒:全县渔区再没发生如是强迫渔民冒险捕鱼之事。

一直到国民党败退台湾,东山连条像样的公路也没有。谷文昌就带领群众修路,十年间建起四通八达、纵横交错的公路网。看到岐下、西崎等多个村庄深受海潮之害、无路之苦,他在县委会上确定修建一条长1300米的海堤,先行阻挡海潮,再和大路相通,进而兴建起了盐场和农场……

一年到头,谷文昌大部分时间都在深入基层。一双黑布鞋,一套灰中山装,外加一辆自行车,他的身影闪动在山水之间,脚步响彻村村寨寨。田间有他挽起袖子栽树种草、卷起裤脚挥锄扶犁、拿起钢钎打石子的身姿,地尾有他与农民席地而坐谈生产的剪影,街头村舍有他与群众一道卷着土烟拉家常的声音。干部汇报工作,群众反映问题,从没见他烦过、嫌过,废寝忘食是常事,三更半夜不碍事。群众想什么,苦什么,盼什么,他就带着大家干什么。这样的县委书记,要领着大家走向"天堂",群众怎能不信任!

困难较大的樟塘、湖塘等村子,最是见证了谷文昌蹲点的常态。他一次次住在农家(有时将就住在柴草间),一日三餐与群众同吃一锅,白天下地劳动,晚上还要挑灯座谈,

★ 1963年，谷文昌在东山县山后宅山大队助农春耕。他犁田气定神闲的样子，一看就是个好把式。这样的场景于他是再普通不过了，却教人回头看得新鲜！这天的在场者也许并不知道，县委书记正和他们一起下地劳动。

和群众共商生产和抗灾大计。连县里为数不多的地富反坏知道后也说，共产党的干部就是好，怪不得要坐天下。

没几个人知道，一次又一次冷水配餐、箪食瓢饮的叠加，让谷文昌的胃病加剧，还得了水肿病，跟着肺病复发，常常头晕、咳嗽、出冷汗。他却拒绝关照，不搞特殊，说的是："不和群众吃一样的饭、受一样的苦、干一样的活，群众怎么会信任我们？"

那些年，干部们熟悉谷文昌的一些话，诸如无论办什么事情都要有群众观点，走群众路线，为群众着想，从实际出发，多同群众商量，不搞强迫命令，不能随心所欲；诸如事实是无情的，好的动机并不一定收到好的效果，要把动机和效果统一起来，必须深入群众，吃透情况，不当东转西看的"风水先生"；诸如我们既然是为人民服务的，为什么不多听听群众的意见呢？

对一些手上掌权、钱的干部总爱为难群众的现象，谷文昌也不时予以劝解："埕英有个饲养员很积极，大队奖给一元，要经过会计盖印、队长盖印、指导员盖印、副业组长盖印、支书盖印，一元过五关，饲养员说'这是难为钱，不要了'，你们说这能叫作为人民服务吗？"

谷文昌要求干部把政治、技术、业务结合起来勤学不息，"结合的最好方法是做什么学什么，管农业的，要懂农业、会干农活；管盐业的要会制盐坎、晒盐……不仅要从书本上学，还要从实践中学"。连学习他也走在了前面，不仅刻苦学习理论，还带头学习技术，学习农活。

三年困难时期，一天谷文昌到后林，问食堂事务长有多少人吃饭？回答说不知道。问粮食有多少？说不知道。再问柴火有多少？又是不知道。他少有地发了脾气："作风如此不深入，这怎样领导啊？！"

人命关天这根弦时时绷在谷文昌心里，察民情不够，还得有果断措施解民困。1959年春夏之交，康美公社东沈大队食堂难以为继，公社一个领导遂宣布食堂停火，社员群众一片哗然。大办公共食堂后，他们的家中已无口粮积存，这样停火岂不是叫他们喝西北风？此事很快惊动了谷文昌，他马上派出一支由副县长、县监委领导、粮食局局长组成的工作组下去调查。真相查明后，县委立即做出决定：免去那位不负责任的公社领导职务，并由县粮食局拨出2000斤粮食救急。

谷文昌时刻铭记县委会上发出的"不准在东山饿死一个人"的誓言，以比寻找先锋树种还快的速度，找到了代食品，自力更生，在"瓜菜代"中带领全县人民击退了饥饿的叫阵，挣脱了死神的罗网。

地狱之上不一定是天堂，有时还可能是刀山火海、人间炼狱。东山生态恶劣、灾害频发不说，还受过日军的三次蹂躏，进而是国民党的横征暴敛、抓丁拉夫，待共产党解救民众出水火，眼前已是千疮百孔，之后又成为火药味呛人的海防前线不得安宁，再之后因探索失误而面临三年困难。到东山以来，再大的困难险阻谷文昌都壮怀激烈："不把人民拯救出苦难，共产党来干什么？"他要织出山河锦绣，绣出日丽风和，为这里架起一个走向幸福的阶梯。

走出过一代大儒黄道周的东山，往昔文化教育水平之低让人诧异。东山未设县时，只允许设社学（私塾），谁想求点学问，难上加难，不但要跨过海峡跋涉数百里路到府上或他县读书，又因岛上学额"少如珠豆"，有时付出巨资还得不到名额。到共产党人接管之初，最高学校仅有初中，而且寄居庙宇，维持尚难，拓展无望。

谷文昌当县长后，举国上下正发起一场"咸与维新"的扫盲运动。为了抓好东山的教育，靠自学掌握了一些文化的他，担起了兼任新中国成立后第一任东山初级中学校长的重任。那些年的不少学子，至今还清楚地记得，谷校长每作报告，开头总是响亮地说"当前国内外形势依然是东风压倒西风"。谷校长的神采奕奕、音容笑貌让学子们记忆犹新，东山教育由此跃上的台阶则载入史册：1957年改为东山中学（后为东山一中），谷文昌亲自物色得力校长，还选定得天独厚的风水宝地"演武亭"建新校舍，以划时代的意义结束了东山没有高中的历史。1959年后福建省连续三年以"高考红旗"享誉全国，东山取得的好成绩让省教育厅长王于畊（叶飞夫人）刮目相看。

在校师生与日俱增，学校规模也扩大了，谷文昌却又替他们发愁了：学生毕业后若要继续升学，就得摆渡跨海出岛。谷文昌下决心建造八尺门海堤，把海岛变半岛，一开始就有方便莘莘学子自由安全进出的考虑。

谁也不曾想到，新中国成立之初连一处文化娱乐场所也没有的东山，却很快成为全省第一个村村通广播的县，背后可见谷文昌的用力和用心。正是他在领导建起180万平方米盐场，真正为全县创造可观财政收入，并获得国务院表彰后,又亲自出面请盐场赞助建起有线广播站,让城乡都能共享广播。

东山保卫战胜利后,全国各地接连派文艺团体来海岛前线慰问演出,大饱了干部群众的眼福,也吊起了东山人爱看戏的胃口。几年后演出渐自稀疏,没戏看的日子可就像没盐的清汤寡水一样,缺了一味。谷文昌察觉到了,叮嘱县有关部门保证要让群众一月起码看上一台戏;建起电影院,成立电影放映队,配备工作人员和一台35毫米的放映机,走村串户定期给群众拉起有声宽银幕。在他的鼓励下,县文化馆不时有新作推出,广泛开展农村文化活动。

谷文昌强调干部们要成为群众的贴心人,只要对百姓有利之事,哪怕排除万难也要做到。殚精竭虑中一刻不停地想着为人民造福的他,和群众吃一样的饭、受一样的苦、干一样的活,还与民同乐。东山百姓爱看潮剧,有不少戏迷子,潮剧一来,人们早早就搬了椅子,轻摇着蒲扇,虔诚地候在台前,等锣鼓敲响第一声。谷文昌见百姓对潮剧爱入骨髓,就批准建起了县潮剧团,办起了艺校。财政困难,他就出面帮剧团解决布幕、服装等难题,到盐场借钱给剧团员工发工资。县潮剧团的第一场演出便引起轰动,他从福州开会回来到团里祝贺,鼓励这个专业性剧团树立文艺服务群众的观念。跟在百姓身后连看几场后,谷文昌不觉也喜欢上了潮剧,还提出了不少改进意见。他觉得潮剧最大的缺陷是没有武戏,于是专门从家乡请著名的豫剧师傅前来传授"武功"。

谷文昌提出要用现代剧来歌颂英雄事迹,潮剧团为此创作了第一台现代剧《东山英雄八少年》,首场引起轰动。继而，在谷文昌的支持下出省演出，好评如潮。

海防前线经常出现信号弹，谷文昌也有自己的信号弹。所不同的是，他把群众呼声、群众满意作为干革命的"第一信号"。要及时掌握"信号源"，就得贴紧群众，他不争是东山百姓的第一贴心人。

国庆十周年，举国同庆，举世瞩目。在浓厚的大庆气氛里，谷文昌提出举办东山十年成就展。

布展如火如荼，有人提出请县委书记为展览写序言。谷文昌少有地"非我莫属"，一口允诺，酝酿时竟有了创作诗歌的冲动，最后呈现的便是诗"序"：

  高举革命红旗
  走过十年征里
  把荒岛勾销
  将苦难葬埋海底

  挥动红色大旗
  长风漫卷全岛165平方公里
  大地跟随飞舞
  万物增添生机
  八百年第一次响起马达
  第一次有了水库
  第一次把飞沙治理
  第一次出现白夜

第一次人心畅喜
　　如今削山填海峡
　　海陆横卧三堤
　　从此海岛变
　　欲与蓬莱比

　　红旗招展万里
　　霞光染遍山川海底
　　旗手是九万人民
　　领旗的是党和马列主义真理
　　沿着这大道迈进
　　我们会创造人间天堂

　　且不论诗意和诗味，白居易"文章合为时而著，歌诗合为事而作"的主张，倒也在这位工农干部的笔下表现得酣畅。含篇名在内只有166字的三段大白话，澎湃着激情，还蕴含着丰富的信息，不妨在此对提及的诸多第一次做个注解：

　　"第一次响起马达"是指1954年建立东山汽车运输站，初期东山县仅有一辆进口的30座客运汽车，每天从县城发往漳州一个班次。到国庆十周年时，每天发往县外的已有6个班次、县内8个班次，年客运量达27万人次。

　　"第一次有了水库"是指1956年建成西山岩一级水库后，继而又有红旗水库等多座大小水库相继建成投入使用，极大地缓解了东山旱灾频仍、群众生活用水困难的历史难题。

"第一次把飞沙治理"说的是植树造林形成"绿色屏障",有效抵御了原本无解的风沙肆虐。

"第一次出现白夜"是指1954年县城建成第一座装机发电功率15千瓦的火力发电厂,两年后装机发电功率64千瓦的城关华侨电厂也开始供电,照亮了黑夜里的东山。

"削山填海峡,海陆横卧三堤"说的是已填海建成的上千米西港海堤,以及筹建中的八尺门海堤等。

"第一次人心畅喜"的事可就接二连三了:东山历史上从来不会生产的轮船、打谷机、玻璃、陶瓷等被接连造出,全省三大避风港之一的后澳避风港已于1958年竣工,第一个地方国营盐场——双东盐场已然投入使用,西港盐场业已修建,光盐的生产就已荣获全国红旗奖和省四项第一的六面红旗……

桃李不言,下自成蹊。最能让人们一眼望见的"第一次",还是东山历史上第一次出现了林区和林带!过去受沙害最重、被戏称为"内蒙古"的陈城等地,现在受林区、林带保护,已把4500亩沙滩改成粮田,近两万亩的耕地从一熟改成两熟,过去"春挑沙,夏种植,秋冬埋"的灾难宣告一去不复返。群众莫不称快:林带是老百姓的粮带、银带,是生命带!

即使不了解东山的后人,仍能从这个序诗中看出,那十年间东山县党政关注民生、治理生态环境,终使贫弱海岛发生的翻天覆地的变化。

此前建成的农展馆虽简陋,展陈的内容却大而全,分设

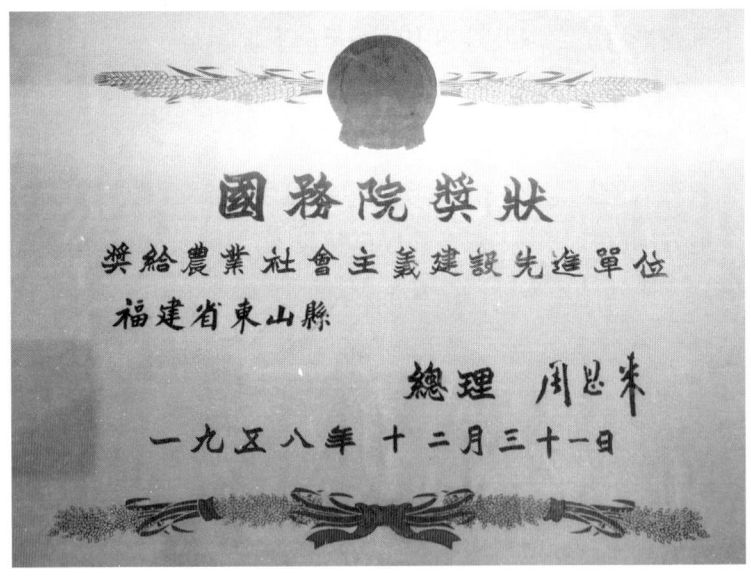

★ 1958年，东山获"全国农业社会主义建设先进单位"称号。看到上面国务院总理周恩来的签名，谷文昌激动不已。

综合馆、林业馆、农业馆、水利馆、文教馆、增产措施馆等12个展馆。那些天人头攒动，赞声鼎沸。这还不够，谷文昌交代馆务负责人谢学文学学人家内蒙古乌兰牧骑文艺轻骑兵的做法，把人请进来的同时，也把展览送出去，让"光辉"照进每一个东山人的心田。

在此要求下，《东山日报》和广播、喇叭也一齐上阵，各显神通。1959年11月1日《东山日报》以《伟大的成就，光辉的胜利》为题，刊发了专门介绍东山建设成就展的通讯，并发表了谷文昌这首"序言"诗。

在运筹十周年的宣传中，谷文昌考虑出版一本《东山光辉十年》，这也是谷文昌用心给东山留下的一次翔实的党史和地方志资料。

此书的序言还是一首诗，与前面展览之序有几句还相同，却也加进了不少内容。有"削山填海峡，怒海飞长堤"的气势，有"沿海筑起万丈岸，荒沙秃岭穿绿衣。渠道水库星棋布，肥堆如山惹人迷"的喜悦，有"叫海水让路，令海滩献礼"的豪迈，最亮的地方是把展览会序言诗句"欲与蓬莱比"，改为"蓬莱怎能比"。这绝不是谷文昌的傲气，而是"人人心舒畅，个个笑眯眯"的情景，给了他和东山人民"继续奋勇前进""奔向共产主义"的信心。

谷文昌还动手写了篇题为《庆祝光辉十年，继续奋勇前进》的文章，称："我们是不断革命者，我们绝不因已有巨大成绩而自满自足，而要从这个辉煌胜利，吸取更大的信心和力量，继续奋勇前进。"他最后还预言了东山的美好明天：

> 粮食堆满仓，水果满山飘，工厂如林立，交通达八方。
> 到处是鱼虾，盐堆高如山，猪牛羊成阵，鸡鸭鹅满滩。
> 出门坐汽车，人住高楼房，吃是茗珍味，穿是丝绸缎。
> 大学到处有，人人红又专，疾病全消灭，个个身体壮。
> 人间成仙境，万世美名传。大家加油干，幸福在眼前。

"到处是鱼虾"是让谷文昌自豪之事。他在《东山光辉十年》里的另一篇文章写到1949年前的落后渔业："渔船没有避风港，没有灯塔，没有安全设备，真是'入港惨过阎罗殿，一朝出海命三分'，加上被封锁、被掠夺、被破坏，一条鱼上水过七税，因此1949年渔业产量仅有13万担……"前后对比，自然是"幸福在眼前"。

编《东山光辉十年》这本书时，谷文昌要求县乡主要领导都要交一篇相关文章。陈维仪（后接任东山县委书记）也在文中称要把东山"建设成为人间天堂"。

原先的东山辛酸苦难多得如同地狱，大海血泪诉也诉不完，建设人间天堂是谷文昌和他的班子对东山人民的许愿，他们为此撸起袖子埋头苦干，鼓足干劲，力争上游，打出东山特色牌：思想是解放牌，干劲是永久牌，决心和行动是无敌牌。

东山像初长成的少女，在丰衣足食中一天天亮丽起来，明眸善睐，顾盼生辉，却还显得那么瘦小纤弱。谷文昌在梳妆打扮和呵护之余寻找不足，也倾听干部群众的看法，尽力使她更加赏心悦目。综合各方面建议，谷文昌把建造东山县人民会堂提上了日程。

县政府等机关由城关（铜陵）迁来后，西埔一带便成了政治、文化中心，所有的大型活动都在这，却没有一处像样的场所盛下饱胀的需求。农村干部自带背包来县里开会，需要过夜只能躺旧电影院的地板，没有饭桌，一小碟饭菜也放地上。一路来回，常常还栉风沐雨，不少人因此生病。

谷文昌看在眼里，心疼不已，下决心要为干部群众兴建一个具有开会报告、文艺演出等综合性功能的大会场，以适应今后日新月异的形势需要。1960年春，他在县委会上这样给会堂"设计图纸"：今后开大会、演戏、放电影都用得上，能大大丰富群众生活；还可住人，给那些远道来开会的乡村干部提供休息场所；里面也像人民大会堂那样再建几个小会议室，供今后召开中小型会议使用。

1961年夏，东山县人民会堂正式动工，此时国民经济已冲破三年困难的阴霾，好转起来。但近四千平方米的建筑面积，要拿出一笔巨款并非易事，需要谷文昌为此"化缘"，东拼西凑。翌年10月，东山县人民会堂在鞭炮声中落成。

东山县人民会堂投入使用两年后，林进顺才出生。直到

★ 1963年8月5日，谷文昌一家在刚竣工的东山县人民会堂前留影纪念。

今天，他眼里的会堂仍是一项伟大的工程。他认为，在当时条件下能超前诞生这样的建筑，恰是谷文昌不带私心干出来的。

林进顺如此称颂的东山县人民会堂，是他们那代人的"天堂"。他在白埕的家距会堂不过几公里，不算远，就是再远些，他也愿意步行前去。从20世纪70年代到90年代，当婚当嫁的男女青年最爱往会堂跑，不仅仅是去看场演出或电影，更因为那里是他们的特别乐园、青春钟情处。在影片以拷贝轮流放映的年头，一部新电影常常要在附近几个县或部队"跑片"，加上去会堂看的人太多，电影票通常一票难求，需要提前排队预订。买到票者犹如中彩，等于为约会找到了一个极好的借口。恋爱中的人一起看场电影、看次演出真是浪漫而幸福。即使不看或舍不得花钱看电影、看演出，走路到此一游，也是极好极美的感受。

我算是明白了林进顺的"天堂"之意。

谷文昌是个看重文化生活、并懂宣传之人。

在他要求下，除了报纸宣传外，还得运用其他文艺形式，以此充实老百姓的精神生活，为此新创办了县广播站。

1962年，县广播站文艺编辑及播音员谢溪添创作的反映家庭美德的方言故事诗《林大姨好教示》，获全省第五届群众业余文艺汇演创作奖，还刊登在省级文艺刊物上。谷文昌看后连声称好，并亲自接见这位大女儿的侨生同学，希望他多用文艺形式来宣传东山的植树造林。谢溪添结合父亲当年被迫下南洋谋生的经历，并深入"乞丐村"等地采访，写就方言故事诗《兰头伯回乡记》。说的是别名叫兰头伯的东山人，多年种植"兰头"（龙舌兰）治理风沙，可就是种不活，作物绝收，伤心中只好下南洋打苦工，30年后回乡发现处处绿树成荫，疑是走错了地方。

"小鬼你这个东西写得好！"谷文昌听了作品广播又看了报纸，连声称赞，还若有所思地说，"有一天，东山会是这样一个叫人认不出的天堂。"

天堂是精心打造的。

一棵棵、一丛丛、一片片的树长出，天堂最初的模型在望。

天堂朝夕在建，一天一个模样。

1963年春，继南门海堤重建扩建工程竣工后，全县最大的水库——历时四年建设的红旗水库投入使用。同年12月，备受省委第一书记叶飞赞誉的湖尾地下水工程竣工。

昔日东山，风沙肆虐，旱涝为害，一片荒凉堪比地狱。十年一觉，谷文昌和县委一班人，百折不挠，带领军民拼搏奋战，东山旧貌换新颜，终有天堂也不羡。

在"社会主义是天堂，人民公社是桥梁"的语境里，谷文昌表达的豪情也是希望把东山建成人间天堂。目标一致中，检验的尺度来自人民。检验的标准再苛刻，却都一致认定谷文昌为"天堂"之门奠定了基石。

那些年，还真不是只有林进顺认定东山县人民会堂是东山的一处天堂，何坤禄说得更形象："人民会堂前的台阶，也是走向天堂的台阶哩！"每个人都有心目中的天堂模样。

1964年4月5日，临行前谷文昌主动相邀何坤禄等工作

★ 谷文昌一家同身边工作人员在东山县人民会堂前合影。前排左起：谷哲慧、史英萍、谷文昌、谷哲英、林建三。后排左起：何坤禄、陈跃水、朱财茂、潘进福、林道生。

人员合影留念。他情真意切地说:"你们在我身边工作这些年很辛苦,小何连续5年没回家过春节,我平时对你们的关心照顾很不够,就留张合影做个纪念吧。不管是否有人埋怨我,我还是要说,我们的工作不是为什么人干的,而是为党和人民干。"

去哪合影才更有纪念意义呢?大家不约而同选择了已被木麻黄簇拥的东山县人民会堂大门前——那是东山"走向天堂"的入口。

我认识何坤禄以来,不时接到他的电话,有天说着说着,我从他的话里提炼了一首打油诗:"文化还了家,铁树开了花,东山有天堂,谷公创神话。"他要努力地让我相信,东山那些年在谷文昌的带领下,确实奋发有为地建起了人间天堂。

十二 奋斗者：致敬和送别

1963年底，山东人焦裕禄还在带领河南省兰考县人民治理流沙，种植既能挡风又能压沙的泡桐时，河南人谷文昌带着福建省东山县人民改造自然已作为一个成功范例，登上人民大会堂。共和国政要们在全国人大二届四次会议上，和全国人大代表们一起聆听教育部副部长韦悫介绍东山。

介绍人韦悫来头不小，参加过辛亥革命，曾任孙中山秘书，他的题目就是《福建省东山县——改造自然的一个范例》。韦悫前段时间去福建视察，由衷称道福建在遭受百年未遇、长达200多天特大干旱后仍然呈现的丰收景象，最让他兴奋的是东山县植树造林、兴修水利、修堤筑岸、改造自然的成就。

新中国成立后，地处前线的福建很多人没去过，对南端与台湾一水之隔的东山县更是陌生。韦悫开头引用民谣来介绍昔日东山，一下子就让人知道过去的东山是个山秃沙多、风大水缺、水土流失严重的海岛。继而用数字来说明今日东山的成就，称："从城关到澳角二十三公里海边的主要风沙地区，已初步形成了纵横交错的绿色林带。""我们登上高地看这条林带，像一座绿色长城，横亘海疆，确实壮观。"

韦悫讲了东山县委领导人民改造自然的事例，总结了六条取胜经验，其中第一条就是"干部带头，坚持试验，依靠群众、开展造林"。他特别指出谷文昌的先进事迹："县委书记跑遍全县，和群众商量研究，不断总结群众和风沙斗争的经验……"

听韦悫娓娓道来，可知他在参观访问时的耳闻目睹。谷文昌陪同时谦逊地说："东山改造自然的工作还只是一个开始，还有很长的道路要走。"韦悫热情地鼓励："这是一个很好的开始，很成功的开始。"这段对话，被韦悫写进了材料，向大会做了介绍，他最后说，相信东山县一定能够建设成为一个"美丽、富饶的海岛"。

韦悫的发言稿，是迄今发现最早一份在全国大会向党和国家领导人介绍东山经验的重要历史文献。

在号召人定胜天、排除万难争取胜利的时代，东山县改天换地的胜利，能不得到与会者的强烈共鸣？力争世界上游的中国，太需要这种精神了！

谷文昌带着东山走在了这种精神的前头。但他只道是平常，事先并不知道这次隆重介绍。

我注意到，此后两年间，全国政协副主席何香凝、全国人大常委会副委员长史良、共青团中央第一书记胡耀邦等，先后到东山视察。

我曾想，如果介绍东山的会议材料传到焦裕禄手里，他会不会为此兴奋，为千里之外海岛造林治沙等伟业的率先成功而心驰神往？

谷文昌的为民情怀和实干精神，叶飞和省委看在眼里。1963年春，叶飞再进东山岛，了解史上罕见旱情。

干支渠长达13公里的红旗水库，固然像聚宝盆一般，把老天爷下的雨给提前储存起来，零存整取中一口气能灌溉五六千亩土地，而且以水库为水源，建起了自来水厂，为城镇居民、码头、企业提供了一定的用水，但半年大旱滴雨未至，不禁渐渐见底。谷文昌带着县委领导分头到群众中总结抗旱经验，主张"地面无水向地下进军"，打大井、深井、塘中套井。向地下进军也得强度适中，挖得过深容易引起海水倒灌。由是，东山建起永久性抗旱工程285处，临时工程892处，还请省政府调来抽水机支援。

1963年3月28日，谷文昌亲自给老战友、省地质局局长张书田发去"加急"电报，其云：

> 东山已一百多天无下雨，旱情十分严重……我县勘察玻璃沙时，发现大量地下水，若充分利用起来，可解决万亩以上灌溉面积。我们准备大干。为了比较准确摸清全岛地下水的特点、储存量、利用途径等情况，据

说,你们有专门的水文勘察队,是否能派一部分人帮助我们搞一段时间,将万分感激。

当过东山首任县长的张书田,如救火一般向东山派出了救兵。

旱灾还在持续,深深牵动着谷文昌的心弦。这年6月,他带一支小型工作队到旱情最严重的岱南大队蹲点一个月,指导群众打水井,抗旱夺丰收。

这年夏天,叶飞又一次来到东山,除了看东山造林,主要是看如何向地要水。得知东山沿海一带农田用水问题已全部解决,不少旱地也改为了水田,他越发有兴趣了解究竟。他来到一处正在挖土安装的工地,与技术人员交谈,弄清安装地下管道的重要前提,即勘察水源、水流方向等情况。谷文昌告诉叶飞,过去沿海沙田经常干旱,束手无策,其实沙土下面就有水,问题是过去没有发现,也不懂得怎样把地下水取出来。现在把这问题弄明白了,每个大队都搞,再大的天旱也有水灌溉。这次,水库虽然差不多都干了,但因为开采了地下水,地下"水库"的水得以源源抽上来,帮东山渡过了难关。叶飞连称地下管道的发明创造,连同东山的抗旱经验,都很有价值。

闽南这一年的抗旱,引来著名诗人郭小川实地采写长篇通讯《旱天不旱地——记闽南抗旱斗争》,在《人民日报》发表,而后诞生了著名京剧《龙江颂》。东山岛的抗旱,也吸引了教育部副部长韦悫的目光,并写成向全国人大会议的汇报材料,其中说道:"特别值得指出的,是试验和建成了一处大量取地下水的巨大工程……我们亲眼看见了这项新工程，不禁赞赏不止。"

韦悫感受到了谷文昌和东山干部群众的精神面貌，并在谷文昌的介绍中体会到东山自然面貌的八大变化：孤岛变半岛，沙地变林带，荒滩变盐田，山顶变水库，旱地变水田，低产变高产，穷岛变富岛，铜山变金山（东山古名铜山）。

呈现在韦悫眼前的，着实是一座进化了的海岛，岛上风景怡人，放眼望去，百姓的幸福就在山海之间。

作为省委书记，叶飞的感触自然更多一些。车过八尺门海堤，呈现在眼前的哪像荒岛、旱岛？只见林木葱翠，秧苗青青，渠水清亮，43个流动沙丘已昂首挺立着二三米高的木麻黄；长达30多公里的海岸线上，纵横交错着一条条绿色长龙，仿佛筑起了绿色长城，有力环护着田园村舍。

东山的情况，叶飞是清楚的，这些年取得的成绩百闻不如一见，他不由得大加赞扬："当年我挑游梅耀守东山是挑对了主将，你们今天选木麻黄为东山站岗是选对了先锋。群众说得好，林带就是粮带、钱带、生命带，今后有条件时，也可以在木麻黄背后种些风景树。"

该如何招待省里最高领导呢？谷文昌的菜谱是地瓜加小鱼、小虾和青菜，看到叶飞吃得津津有味，谷文昌说："开始时我们县委的同志还担心招待不周、怠慢上级呢。"

叶飞脸上却荡漾着笑意："我老家也到处都是番薯啊，我从小就爱吃。我们都是劳动人民的儿子，都是革命战士，吃番薯心里踏实，任何人都不能拿人民的血汗铺张浪费。"

越是接触，叶飞对谷文昌越是欣赏。在1964年2月29

日召开的全省"农业生产先进单位和先进生产者代表大会"上,得知谷文昌荣膺"先进生产者"称号,叶飞说:"这个先进,谷文昌当得!"

在这次新中国成立以来福建省最大规模的群英会上,东山县荣获全省先进单位称号的就有五家:赤山林场、白埕大队林业队、梧龙大队、南埔大队、后林大队。连着两天,21位代表发言,然而反响不甚热烈,叶飞问:"怎么搞的,没有东山的典型材料?"

之所以没安排东山,是因为在1962年8月26日召开的全省林业工作会议上,谷文昌已作过《东山如何发展林业》的典型报告。叶飞如此一问,3月1日下午,大会秘书长肖文玉马上带着《福建日报》记者夏乡等人赶到东山代表团住地,面见正在住地开小组讨论会的谷文昌,并索要东山典型材料。他们中,夏乡和谷文昌最熟悉,"大跃进"那年夏乡受派到闽南记者站工作以来,常去东山采访,不时还借谷文昌的自行车下乡。这位县委书记不会讲大道理,朴实得像农民,极少谈自己。几年下来,夏乡每有表扬稿给谷文昌审看时,他总要把自己的名字划掉。谷文昌不讲自己,但群众会讲,干部会讲,东山的建设会讲。

3月2日下午,披红挂彩的谷文昌上台,作题为《用革命精神改造自然建设海岛》的发言。

全省发起"开发万宝山"运动以来,虽然组织起了百万群众大造林,可不少地方只讲数量,不讲质量,"上山一阵风,下山一场空",加上管林护林没跟上,"春满山,夏一半,秋不管,冬不见",实际成活率、保存率不到二成,成林的微乎其微。在这种情况下，自然条件恶劣且处半军事状态下的东山，却不啻放了颗耀眼的"大卫星"，全场一时掌声雷动。

主席台上的叶飞听着听着，情不自禁地用手指叩响桌子，对身旁分管组织人事的省委书记处书记林一心说："谷文昌在东山县造林这么好，为什么不调到省林业厅当副厅长？"

3月6日，在万人参加的闭幕大会上，叶飞号召："希望我省沿海地区有更多的东山县！"

谷文昌要赴省城任职的消息传出，东山像是又起了风、涌了浪，人人的心田都不太平静。有的人一来送别就哭，身边工作人员见了转身就偷偷抹泪，不舍之情抢先发酵。谷文昌心平气和，尽量不惊扰这里的一个人，甚至一片浪花。

他先是悄悄地到湖塘和农民老哥蔡海福作别，然后又到县林业科转了转，叮嘱林嫩惠等人抓好推广木麻黄树管护技术工作。回来路上，他请县委秘书朱炳岩提意见，看有没有欠公家的东西，千万别落下什么。朱炳岩想了半天，说就是有次请客花了20多元。谷文昌听了一愣，虽想不起来，却还是要给钱。朱炳岩不肯多说，更不愿收钱，谷文昌只好暂时作罢。

4月的一天傍晚，谷文昌在县委食堂简单地用过餐，就被县委办主任林周发请去机关食堂，说是县直机关干部要欢送他。谷文昌叮嘱不能大张旗鼓，简单见个面即可。林周发说："放心吧，我能不知道您的性格吗，大家只想对您说几句话。"

机关食堂小不说,连凳子都没那么多,用餐的人一多,后来者就得端碗站着吃。把这里当作欢送谷文昌的临时会场,说是群众自发,却有点像临时起意,没有讲台,没有鲜花,没有茶水,简单得连欢送的横幅都省了,几张简陋的餐桌和椅子一拼一摆就成。谷文昌坐着,其他人站着。

大家想对县委书记说的话有些特别,写成了一首诗。这是他们的"密谋",要给书记一个惊喜。

> 谷书记,您就要离开东山,
> 告别立志奉献毕生精力的海岛,
> 像展翅的雄鹰翱翔新的征程!
> 在这惜别的时刻,
> 东山人民对您的良好祝愿和无限依恋一起涌上心头。
> 东山人民怎能忘却您在海岛的日日夜夜、朝朝暮暮,
> 怎能不追忆起您为民造福的14个春夏秋冬,
> 怎能不记起您用心血和汗水在沙滩上覆盖了造福万代的绿荫!

这首题为《谷书记,您没离开东山》的诗,刚念开头七八句,就有人开始抽泣,欢送会不欢。

发起者是县委办干事廖翔云。问起创作缘起,2020年10月,年过九旬的廖翔云在家里和我聊起来:

> 谷书记　您没有离开东山
>
> 谷书记，您就没离开东山，
> 　　当初您老举家半生投入沙岛，
> 　　亲属们踏鸽翱翔欲踏征
> 　　程！
> 　　去之后依依惜别的时刻，
> 　　东山人民对您的言好记忆如
> 　　无限的依恋一起涌上心头。
> 　　东山人民怎能忘却您在海岛
> 　　洒的汗水、朝与暮。
> 　　怎能不追忆起您为民造福的
> 　　十四个春夏秋冬，
> 　　怎能不记起您用心血和汗
> 　　水灌溉浇上花蕾了造福万代的
> 　　绿荫！

★《谷书记，您没离开东山》诗稿。一生低调的谷文昌，就这样成了歌颂对象。他没有接下诗稿，却也没有辜负人民的盛情。

"那些年，谷书记为了造林治沙，为了东山的各项事业，真是废寝忘食啊。天一下雨，他就拿锄头跑出门，有时都忘了戴斗笠穿雨衣，县两办的人几乎都出去种树，常常只留一个通讯员守电话。

"谷书记待人真诚，关心同志。在县委办那会儿我还不是党员，因为成分不好，一度被赶到水产部门。谷书记全面主持县委工作后又叫我再回县委办，并说，人不能选择家庭出身，但可以选择做什么样的人，只要好好工作，接受考验，今后也会成为共产党员的。他离开东山前，又这样勉励了我一次，并把心爱的四角号码字典送我留念。想到这么好的书记就要离开我们了，我内心真是万分不舍，一晚没睡，即兴写了这首送别诗。

"对了，我在县水产局副局长任上退休前，想到谷书记语重心长的赠言，争取入了党，我想这也是对谷书记的告慰，对他最好的追随。"

经林泽传润色修改的这首诗，得到县委办主任林周发的认可。他觉得林泽传普通话说得好，语言表达感情充沛，便又指定他朗诵，代大家发声。

要以诗朗诵来传递大家惜别心情的林泽传，何以舍得谷书记离开啊！在修改诗稿时，和谷书记交往的一幕幕，像电影镜头一样在脑海里闪现。

谷书记，您可曾记得，
14年前，当您肩负着党的重托和期望，
风尘仆仆地踏上东山岛时，

您眼帘映入的是：
风沙危害、干旱作虐的荒凉海岛；
耳际萦绕的是：
"春夏苦旱灾，秋冬风沙害"的悲歌。
面对着沙虎横行、旱魔肆虐，
您心胸蕴含有多少酸痛苦楚！
然而，
在您那改造自然的辞典里，
查不出"畏缩"和"退却"的字眼，
您胸怀的是降虎伏魔的宏伟蓝图。
您决心以不屈不挠的精神，
唤起东山人民的智慧和力量，
谱写绿色的希望和幸福的欢歌
……

　　林泽传常跟谷文昌骑车下乡，如到大队，就轮流在群众家吃饭，一天交一斤粮票和四角钱（有时三角五）；如到公社，就在公社食堂吃饭，粮票和钱照交。他怎会没感触呢？遭遇酷暑旱情，东山连续8个月没下过一场透雨，水库池塘干涸，人畜饮水困难，谷书记就带着一支由妻子史英萍（县妇联主任）和县委机关干部林木喜、林泽传组成的四人工作队，赶到旱情最严重的岱南大队蹲点，与社员"三共同"(同吃饭、同劳动、同商抗旱大计)。谷书记真不容易啊，和大队长张元兴一起下到水库底参加打大井、池塘中套井，挖取地下水，培育番薯苗。谷书记赤脚下地帮助积肥那个熟练的架势,哪个社员看了不伸出大拇指?大队里的猪粪牛粪收集起来堆放一处,臭不可闻,他毫不退缩,挥动随身带来的锄头把它们扒进箩筐或畚箕里,供工作队挑运。妻子史英萍累出病先回去后,他还坚持在这里又劳动了好几天,后来又组织全县生产队长以上干部来此参观,推广抗旱夺丰收的先进经验。

朱财茂又怎会没有感触呢?

1956年春节前他受命担任县委通讯员时,恓惶得要命,因此前在互助组挑粪时扭伤了脚,没钱医治耽误了病情,遇到天气变化脚就会疼痛难忍,如何当合格的通讯员?隐瞒伤情半年多后,一天谷文昌突然说,财茂你找机会到漳州看下脚吧。他简直不敢相信自己的耳朵,自己出生以来还没出过海岛呢,谷书记何以知道自己腿疾的?问后才知,原来他上楼梯和打开水的动作让谷书记感觉出来了。

谷文昌先去漳州开会,朱财茂按约定时间到达后,谷文昌请他吃了顿牛肉饭,又带他找旅社,并告知找什么医生,交代旅社人员予以照顾……本该服务领导的人反被领导服务,而且经此医治,折磨多时的腿伤得以痊愈,令朱财茂全家欢天喜地。他和谷文昌接触越多,就越觉得这个不像县委书记的人更像"老伙"。闽南话中,"老伙"跟老伙计是两个概念,上年纪的人都可以称"老伙",有时在别人面前也可以这样称呼自己的父亲。朱财茂心中的这位"老伙",亲切得像父辈。几位在县直机关工作的闽南人,久而久之也都私下里这么叫自己的书记。

身边工作人员即使被谷文昌批评过的,心头也毫无块垒。此刻,涌起在老秘书朱子周心里的,正是料峭春寒后的融融暖意。第一次随同下乡,谷文昌自带锄头和镰刀与百姓一起劳动,他没带工具只好袖手旁观。回来路上谷文昌委婉地说,你没听说干部冬天穿蓝棉衣检查生产被群众称为"乌鱼"(意指光动嘴不动手),夏天穿白衬衣检查生产被称为"白鹭鸶"(意指闲自在也有吃喝),去规划田地或勘测水利被说是"抓山龙"(意指作风轻浮,不脚踏实地)?朱子周听明白了,赶紧认错。谷文昌接着又心平气和地说:"我们是共产党的干部,不能光会写文章、发动群众,也要身体力行劳动,群众会干的活我们也要会,这样才能真正和群众打成一片,群众也才能真正把我们当成自己人。当干部的要是高高在上,不懂农活,就跟农民说不到一块去!"这是个真正亮堂的"自己人"啊,面对这些年他表里如一的言传身教,朱子周何其不是胜读十年书!

　　……
　　谷书记,您就要离开东山了,
　　我们多么希望这不是事实,
　　或许,再留上一年,哪怕只是一天,
　　我们也心满意足!
　　但是,我们十分理解,
　　党的需要就是您的征程,
　　是雄鹰就要展翅飞翔,
　　更重要的使命将等待着您去搏击!
　　然而,您创造的博大的物质财富和精神财富,将永远成为东山人民的瑰宝。

谷书记,您没有离开东山!

林泽传朗诵得声情并茂,不时情难自禁地哽咽,把大家的依依不舍之情表达得淋漓尽致。在场四十余人的眼圈红了,平日里拘谨的他们,有的向隅而泣,有的还来不及擦拭腮边的泪,眼眶里却又被泪水充盈。

他们中,谁不是屁股下面安了弹簧似的,跟过谷书记一起满岛栽树、建堤、积肥、种地、打石子、挖水井、造公路、修水库和盐田?谁没跟谷书记一起骑自行车下过乡吃派饭,一起治穷扶贫,一起星夜谈心,一起冒雨冒风抢险救洪,一起头顶烈日抗旱,一起与民同乐坐板凳看潮剧?谁不知道,东山的一草一木灌注了谷书记的心血,百姓的喜怒哀乐牵动着他的情思;谁不感动他那"不带私心搞革命,一心一意为人民"的铿锵誓言!

林周发知道得自然更多一些,眼前浮现出1961年8月的一幕。东沈、南埔、樟塘等地暴雨成灾,四处告急,谷文昌闻警即动,哪怕此时正生病,也分明是只展翅欲飞的鸟,怎么都坐不住,带着县委副书记靳国富和他,深一脚浅一脚地冒雨赶到一个个现场,跌跌撞撞查看水势。探明情况后,现场研究决定清理旧沟、开挖新沟,继而筑海堤、建闸门、修水站,使之抗旱、排涝、防潮三全其美,并有效发挥调控作用,使得这几个过去遇海潮易涝、"一次水淹,三年绝收"的村庄,不仅扩大了500多亩耕地,而且粮食、甘蔗、花生大幅度丰产。

在谷文昌的身上,谁没看出"耐心":对人民耐烦,对事业耐力,只要党有所令、民有所呼,他都愿意吃苦耐劳,久久为功,真是比耐旱的木麻黄还耐霜熬寒,比参天大树还耐看、耐久,也耐人寻味啊!从他身上,人们体认到什么是共产党员的修养和品德,从他的一言一行里,懂得了为民造福的真谛。古人说"与善人居,如入芝兰之室,久而不闻其香,即与之化矣",这样的人要从身边离开了,愈加觉得他的与众不同,也愈加让人难舍。

年近半百的谷文昌,听着听着,不觉也抹起泪来,情不能自已。以致林泽传要把手中的诗稿送给他时,他哽咽着说,这么珍贵的礼物我不能收,你交给组织吧。说罢转身就走。

4月中旬的一天清晨,谷文昌给窗台上的花儿、县委院里的树儿浇了最后一遍水,比平时浇得都慢。然后,他就悄悄作别了东山的云彩。

看着一排排苍翠的树木在眼前招手示意,像是对他挥手告别,谷文昌也情不自禁地伸出手来,像是一个卸任的将军面对士兵那般。

这些树,有的是他亲手栽种,更多的是在他的带动下全县干部群众齐动手完成的。一番细种精管,屈指算来,已有总长达200公里的林带,给东山披上了一件缀有繁枝茂叶的绿色新衣,凶悍的"沙虎""风妖"奈何不得,东山人民从此送走"瘟神"。

就在现时,谷文昌实实在在地感受到了,尽管海风在远处刮得呼呼作响,却在大片木麻黄的严实"挡驾"中,失去了以往肆虐的脾性,稻田、菜畦、屋舍,安然无恙。

他深情地望着窗外蜿蜒的一条条林带,品种不再单一,已然开始杂花了。顾盼之间,他能认出不同树的血缘、血亲、禀性和长相,最不陌生的自然是凝聚着他诸多心血的木麻黄。在这个海岛上,除了人民,它们是他最愿意看到的生命,这些年他为它们立过誓,再苦再难,无数次的挫折与失败,都没改变他许下的诺言,终于苦尽甘来,将心中愿景变成现实。他甚至想向条条绿色的林带作揖致谢,正是它们,代他"缚住苍龙"。

"谷书记还记得当年说过的'树林里面找村庄'吗?"随行的通讯员何坤禄接着说,"东山人都说谷书记是预言家呢!"

何坤禄说罢,谷文昌沉默半晌,同车的县委食堂事务长陈荣泗说:"我听樊县长说过,跟着谷书记种树,他才能名副其实啊!"樊生林当县长那些年,陈荣泗曾给他当通讯员,深知他们这对搭档对东山绿化和发展做出的贡献。

是啊,谷文昌对此也是自信的,他向省地党代会汇报时,已说过"东山人民改造自然取得了初步胜利"。不是吗,从海岛最北端的城关到最南端的澳角,纵横交错的防护林带,犹如一排排保护东山的钢铁战士,在这样的绿色长城之内,美国湿地松、日本银桦、法国梧桐在茁壮成长,洋树林旁边是各种果树,再往里是村庄、稻田、菜地,怎不是"树林里面找村庄"?1962年8月,当过省林业厅长的省委候补书记许亚带各地代表团来东山检查,谷文昌在汇报工作时曾豪迈地称东山再奋战三五年，准是"苍松翠柏长满山，狂风避路空中过，沙荒变成米粮仓，海岛变成大花园"，现在不是吗？谷文昌美美地笑了。

莫名地，谷文昌也想感谢这个接纳他14年的海岛，感谢组织基于信任给他的14年黄金时间，让他在任上完成了一项项事业，不仅治服了"神仙都难治"的风沙，还圆了群众"孤岛变半岛"的梦想，解决了困扰已久的农田灌溉和人畜用水问题。真可谓人种树、树保地、地生粮、粮养人，东山从此美丽化蝶，蝶岛从此名不虚传。

想到这些，谷文昌不觉又欣慰地笑了。当年来时除了理想，他不带杂物；离开时除了情操，仍是两袖清风。跟着他一齐进省城的家当，是一只箱子、两罐腌菜和两麻袋杂货。

14年的雪泥鸿爪，不仅更坚实地塑造了谷文昌作为共产党人的骨骼，还润物无声般地让他长成了一张闽南人的脸。他从没有想过会离开这里，但既然党发指示了，那就没有价钱可讲，党需要自己去哪里就去哪里。

车过泉州已近中午，谷文昌特地拜访了曾任龙溪地委副书记、时任晋江地委代书记的洪椰子。那些年，东山的工作没少得到这位懂农业的老领导的支持。简易的午饭上，面对老领导的祝贺，谷文昌谦逊地说："省林业厅副厅长，那也是守林员呢，所以我把风镜都给带上了。"

洪椰子知道，东山没绿化前，省地领导上岛视察，少不得人人发一副风镜；东山干部平时出门，也少不得带一副备用，为的是防风沙。他清楚地记得，有次到东山遇上刮风，沙粒打得镜片嗒嗒响。他也记得，最近一次进东山，刮大风也看不到白沙滚滚的景象了。于是,洪椰子略有不解地问:"你带风镜到省里干什么?"

"全省林地,不少在高山,不少在海岛,有的海岛也还是荒无人烟,我这把骨头今后还得跋山涉水继续植树,这风镜恐怕也得长年陪伴啰。"

洪椰子听明白了,说道:"等绿化了全省,等你退休了,这风镜就送博物馆吧。"

1963年8月,中央组织部曾提议福建省"安排一名有代表性的县委书记或县长为第三届全国'人大'代表",省委提名谷文昌,指出其"积极肯干,有魄力,斗争性强,方向明确,在贯彻执行三面红旗方面立场坚定,作风民主,联系群众较好……"提名理由为:"东山岛是我省对敌斗争的前线,在支前工作上搞得较出色,和驻岛部队关系搞得好,同时该县几年来成绩显著,全面工作均有发展。"谷文昌告诉洪椰子,也告诉随后到福州的妻子,接到周恩来总理亲自签发的任命状后,他一夜未眠。也许因为离开了县委书记之任,谷文昌的名字没有出现在1964年12月召开的第三届全国人大代表名单里,但省委对他的评价却留了下来。

一个月后,东山县委秘书朱炳岩收到一封来自省林业厅的信,里面夹着30元钱。信上延续着谷文昌上次的问话:"我记起来了,就是两年前,驻岛部队领导调离东山前,来县委征求意见。我想部队对东山支持很大,中午就请了一餐。按规定,谁请客谁出钱。这事是你经办的,钱从哪里开支,请你把钱还给哪里。"

谷文昌离开东山两个月后,根据第二次全国人口普查的

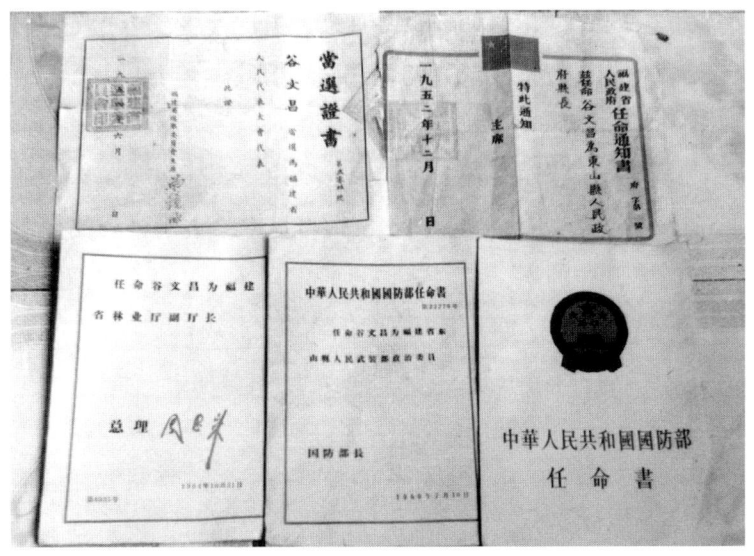

★ 谷文昌的有关任命。最让他激动的是那张落有周恩来总理名字的任命书。

★ 难得一见的谷文昌（中）出席接待的照片，从桌上摆放可知餐饮之简朴。

结果,东山县总人口突破十万有余,男比女少了4000余人,让人仍不由自主地想到那4000多名被抓去台湾的壮丁。所幸,"兵灾家属"已然不再风雨飘摇。

是年夏,全县机关、社队、企事业干部根据全国部署开展学习焦裕禄的活动时,无不发现自己的县委书记谷文昌正是焦禄裕那样的人,一时有说不完的敬重,道不完的思念,言不尽的呼唤。他们都是中国共产党人的榜样啊!

谷文昌在东山苦战14个春秋,让"苦战结果一场空""不识路抬轿子,只会九死一生"(指党不能领导生产)等"苦战无用论"彻底破产,最硬气的是打破了数百年来"神仙也救不了东山"的咒语。到他离任,人们进岛时,东山已满岛披绿。

最有感触者之一,当属新中国成立之前难得一见的开明县长黄超云。他在离开东山数十年后,于1996年建县80周年时故地重游。一入县境,便觉万木森森连天碧,深为人民县长谷文昌再造东山而景仰赞叹,他忘不了自己当年植树千株一无所留的经历,也忘不了新旧时代、新旧官员之不同。如果谁能告诉他半世纪前那一千株树能有一棵遗存,他都愿意攀住它的枝条痛哭一番,告诉它,那些年东山人盼不来救苦救难的神仙,却盼来了共产党人谷文昌。

人们告诉他:谷书记经常骑自行车下乡,随身带着一把锄头、一个手电筒和水壶,有时也绑一床薄被在车上。白天和群众一起劳动,晚上开座谈会时,把国家定量供应的"大前门"香烟拿出来招待农民,自己平时抽的却是"喇叭牌"卷烟丝;吃的是厚叶菜和地瓜梗熬的粥,睡的是地铺,还用水煮番薯、清炒青菜来招待省委书记。正是这样以上率下，带出了东山的好政风。人们还说了这个县委书记的三怕三不怕——不怕失败、不怕委屈、不怕磨难，却怕党的事业干不好、怕党的形象受损害、怕被百姓戳脊梁骨。

话里话外，国民政府前县长都感到共产党的这位县委书记活在人心而永生，怕与不怕皆换来万民敬。他那些故旧也都亲切地把木麻黄称作"谷树"，在他们眼里，谷文昌就是一棵扎根海岛的"顶天梁"，一棵根植于百姓心里的大树。

昔日以文才自负的县长，不觉服膺共产党县长"百般武艺，不如锄头下地"的言行，乃慨然作《东山岛杂咏》，其中"六百年来今盛世，洗兵共盼挽银河""夏木森森碧水长，风沙尽去乐清凉。渔樵问答多佳话，谷老声名世世香""东山今日似蓬莱"等句，道尽内心曲衷。

谷文昌的精神是许多人永远无法企及的高峰。对一片土地和人民的热爱，只有像谷文昌那样真实，比海还深，比天还辽阔，他才永远不会离开这片土地和这里的人民。

十三 下放者：低谷中信念不渝

东山谷文昌纪念馆，陈列着一张被放大的黑白照片，让不少参观者驻足凝视良久，在看图片说明或听讲解时潸然泪下，震撼异常。照片中，身形消瘦且一脸病容的谷文昌与工友合力在扛大石条，石重杠沉，压得他背成弓状、肩膀歪斜；看不出是正待抬起还是放下，打石经验丰富的他可能是担心半圆状的石头出现滑动而将其紧抱怀中；时值秋冬，石面够冰冷了吧，他脸颊略见扭曲，颧骨突出的右脸和下巴都贴上了石面；灰色的帽子，一身洗得发白的衣服，黝黑的脸，粗大的杠木，遍地的碎石，吆喝号子的民工……

这是1970年谷文昌担任宁化县隆陂水库指挥时下工地的情景。要是往昔在太行山，从石堆石缝、乱石丛中摸爬滚

★ 时任宁化县隆陂水库总指挥的谷文昌（中）与群众一同劳动，此时他已经55岁。

打过来的人，这活儿也许不在话下，可毕竟岁月不饶人，眼前的是55岁、拖一身病的老人呢！身单力薄的他，落满灰尘的肩膀和沾满泥土的双脚可能在抖颤，身处逆境仍这么拼，笃信的还是当年在东山说过的话："受一样的苦，干一样的活，群众才会信任我们。"

他现在正遭受人生的低谷，下放可不是当年的南下，那是怎样一场让人身心交瘁的炼狱啊！太行山的儿子，比自己打下和搬动的石头还要坚硬，任凭飘风泼雨杀将过来，把自己炼成了一粒煮不烂捶不扁的铜豌豆，没有迷失在一个时代的路上。正因如此，我们能看到开头那样一幅画面。

照片之外的他，不停地打石、搬石，不停地下地劳动，一个精神和肉体遭受一次次摧残的人，周而复始地重复着相同动作，以沉重而均匀的步履迈向无尽的坎坷。这情景让我想到法国文豪加缪的名著《西西弗神话》，但谷文昌显然与那个在诸神严厉惩罚中不停地把一块巨石推上山顶然后又任其滚下山、推而滚、滚再推的西西弗不同，他全身心致力的是一项有效造福百姓的事业，他不当作是严厉的惩罚，而情愿当成是为了印证自己对人民的无限热爱而必然的忍辱负重。

人们可以不知道西西弗，却知道有照为证，有个叫谷文昌的人把每一场苦难都当成胜利必不可少的条件、看成造就自己的一次经历。

1969年10月，谷文昌经历"文化大革命"七斗八斗之后，带着已被撤去省林业厅设计院办公室主任职务的妻子史英萍和小女儿谷哲英，踏上下放地——闽西北偏远山区宁化县。

依然还是一片动荡，史英萍不觉满腹委屈。她听到了一种说法，下放三年后不单工资要停发，干部身份也要取消，也就是说可能转当农民。突如其来的命运转折让她难以接受，叹息为党做了这么多年工作，还落得如此下场。但谷文昌却说："总比关起来受批斗强吧，总比闲着好吧，只要有事做，哪里还不一样。"

历史的长河时而一泻千里，大江东去滚滚向前；时而一波三折，七拐八弯回流不前。谁也不能跳出历史的局限，以今天的视角来观照世界。

备受刺激的妻子依然悲风扑面，他就继续和风细雨做工作："我们入党时不就是农民吗？当初南下也不是为了当官做老爷，是为解放福建、解放全中国、建设共产主义而来，个人境遇在伟大的目标面前算得了什么？"继而看着妻子，温婉地说，"英萍，你当了几年主任，就吃不得苦啦？"

"什么苦我吃不得？不说在太行山，大半年的南下我可是没掉过队！"史英萍与其说是被丈夫激将而豪情干云起来，不如说是被丈夫的话给深深感染了，身处逆境理应和丈夫同心同德，一起承担风浪，再不能大放悲声，给他增添任何的思想负担了。她深情地望着丈夫："毛主席都有起伏，一次次东山再起，咱们再怎样总能自食其力吧，你会打石头种田，我会纺纱线，大不了咱们来个男耕女织。"

谷文昌知道妻子是个身不在男儿列、心却比男儿烈的人，一时也严肃地说："你南下没掉队真是好样的！这些年搞建设你和我都没有掉队，今后也都不能掉队！英萍呐，咱们领导干部的身份是改了，但共产党员的身份没变，任何时候都要记住，我们是在党旗下宣过誓的，你还记得誓言吗？"

史英萍点头："怎会不记得呢！"

"你还记得毛主席说过的一句话吗？'我们共产党人好比种子，人民好比土地，我们到了一个地方，就要同那里的人民结合起来，在人民中间生根开花'……"

生根、开花，这是多少美好的词啊，谷哲英一辈子记下的，除了父亲自己说的甘作"谷种"，还有母亲一字一顿重复"在人民中间生根、开花"这句话时的庄重神情。

初来乍到禾口公社红旗大队（今石壁镇红旗村），谷文昌放下行李，就到街对面的公社党委报到，当场交了三元党费。然后和附近社员群众谈心，自我介绍，我们夫妻都是河南人，大家就叫我们老谷、老史吧。

宁化是纯客家县，绝大多数人的祖上自河南移民而来，客家人淳朴，没把谷文昌当"走资派"，仍当干部看。得知他们来自中原祖居地，就更是热情，无形中抚慰了他们夫妻内心的伤痛。

只有700多人的红旗大队，水瘦山穷，尽管人们不误农时，也不算懒，可贫瘠的土地就是不长粮，500多亩冷水山坡田产量极低，年均亩产不过二三百斤。田地一年的收成，只能撑过半年，青黄不接时就得上山刨食，人人面有菜色，孩子们透出饥饿的目光，更是让人心疼不已。山村的夜寂寞而漫长，谷文昌思绪纷乱，睁大充血的双眼，话里带着沉重的心情、强烈的责任:"英萍你说一说,这穷面貌要是不改,老百姓老饿肚子的话,怎么看咱共产党?"

妻子提醒他:"老谷,我们是下放来当社员的,可不要插手别的事。"

"下放怎么了?咱们共产党员,能看群众挨饿而不作为吗?"

接连几天清晨,谷文昌和妻子早早醒来,沿农田、山垄走一圈,察看一块块田地,抵近一座座山头,捡回一筐筐猪粪牛屎说是给大队积肥用。

夫妻俩不见外、不怕脏、不怕累的劲头,首先让大队党支书王定乾刮目相看。王支书虽是个大老粗,却爱憎分明、粗中有细,他感觉从省城来的夫妇俩有文化、有见地,遂请谷文昌列席支委会。谷文昌无比珍惜和看重这个能够参与决策的平台,也不怕再被当成"当权派",他知无不言,言无不尽,把这些天来了解到的农业生产过程中存在的问题和解决办法和盘托出,建议兴修水利、广积肥以改良土壤提高地力、改种矮秆水稻品种、合理密植,并大胆提出实行包工分制,功效挂钩,定额管理,以调动社员群众的生产积极性,打一个改变贫困落后的翻身仗。有些支委担心这样不讲"政治挂帅",谷文昌就说,毛主席都讲了,最大的讲政治就是关心群众生活,要不搞个试验田,我先干。

这番赤诚感动了众人,支委会决议划出三亩山田搞试验,几个大队干部还自愿加入实验小组。谷文昌乐坏了,如鱼得水般不是泡在田间地头,就是带着实验小组几个人挖圳沟、修水渠,并请来农技员一起对土质做分析,制定深翻、三犁三耙、犁深耙烂、科学施肥等一套办法,瘦薄的田地旋即铺上了一层黑黝黝的塘泥和人畜肥。

春耕时节,阴雨绵绵,半月不晴,禾口公社发生了烂秧现象,红旗大队尤为严重。要补育秧苗,可仓库里已无谷种,出去买吧,钱从何来?人们心头不禁罩着一层阴霾。节骨眼儿上,谷文昌夫妇把兜里的钱倾囊而出,作补秧之用。

逆境最能见襟怀。大队里有记工员、保管员,王支书想着给谷文昌安个职务,谷文昌主动说要不就当个积肥员吧。王支书咧嘴一乐,哪来这个职务?谷文昌认真地说,那就从我开始当,发动社员群众积肥我带个头。

春播夏收,这几亩被管得无虫害的"谷记"试验田,禾苗粗壮,穗长粒饱,翻着金色的稻浪,飘出醉人的稻香,不到开镰就引来众乡亲围观。摘一挂沉甸甸的稻穗,捋几粒饱满的谷粒在嘴里嗑得咯咯响,谁还不相信这样的地里真能长丰产粮,谁还半信半疑共产党不会帮助改变命运!

谷文昌成功的试验惊动了四方,红旗大队决定今后就照着试验田这么干,继而在全社推广。

谷文昌的生活已完全农家化,他与社员群众干同样的重活苦活:亲自淘粪、犁田、下地播种、插秧、耘田,检查稻谷虫害,喷药杀虫。他干起活来有板有眼,毫不手生。累了就和社员群众一道往田坎或锄头柄上一坐,相互递烟,边抽边聊些家常,讨论生产,然后又默默地走下田间地头,再一身泥一身水地披着晚霞回屋。

大半年时间里,这位头发花白、身穿补丁衣服的新社员,手不闲、腿不闲、口不闲,见人总是带笑。他在获得大

★ 刚参加完劳动的谷文昌,比普通干部还像"泥腿子"。

家喜欢和信任的同时,也感化和带动着人们思想转弯。原来让王支书也难破解的"出工像拖拉机,收工像坐飞机""出工一窝蜂,干活磨洋工"等现象,渐渐不多见了。自称我家尚未穷到要去捡粪地步的人们,不少也把捡粪当成了业余劳动。捡粪者一多,周围环境卫生也前所未有地变清洁了。

秋收时节,谷文昌跟乡亲们一道割稻抢运。累得腰酸腿疼时,看着乡亲们有说有笑,看到红旗大队的稻谷亩产实打实地首次跃上千斤,他顿觉身心轻松了许多。

红旗大队就这样在谷文昌到来一年后——1970年,成为全公社第一个农业发展跨"纲要""插红旗"的大队。当副保管员的史英萍眼见大队仓库装不下那么多粮食,既惊又喜中,建议再盖几个粮仓。社员们留足了口粮,还卖给国家4万公斤征购粮,望着自家满囤满仓的稻谷个个黄澄澄金灿灿,粒粒皆饱满,大家都洋溢着欢欣,这才感到谷干部不仅劲头大,对领导农业生产也确有一套。平时叫多了老谷老谷,真是叫啥来啥,来了个"谷满仓"啊。不知谁喜上眉梢地说了一句,社员群众此后都亲热地称谷文昌为"谷满仓"。

"要不是老谷,我们哪能从年头吃到年尾吃粮不断顿!"王支书对谷文昌更敬重了,先后采纳他的建议,组织起了建筑队、耕山队、牲畜场等,大搞副业增加集体收入,让社员的日子殷实起来。

公社杨书记来看谷文昌了,紧握着他的手说:"老谷同志,我代表禾口人民感谢你,希望你当我们党委的参谋。"谷文昌瘦削黝黑的脸上绽开了笑容。

公社广播站报道谷文昌的事迹时,编了一首歌谣:"来了谷文昌,山里有希望;瘦地变良田,村村谷满仓。"谷文昌的名字迅速传遍宁化山区。

宁化是被毛主席写成"风展红旗如画"的中央苏区县、中央红军长征出发地之一。这里还有不少老红军和烈军属,谷文昌在时常看望中,了解到当年的历史,感受到苏区人民的"红心"。身在红旗大队,他在人生的低谷中依然望见红旗,心中飘扬的依然是那面饱蘸信念之旗。

一年后,这粒最普通的"谷种",从田畦来到库区担任隆陂水库总指挥,成了"谷总"。

宁化县委、县革委会之所以有此委任,是了解到谷文昌当年在东山领导修建红旗水库,大兴水利建设赫赫有名,而宁化这个经国家批准立项的闽西北山区第一座中型水库项目自开工以来,进度缓慢,平时只有三五百人在零敲碎打,现在准备投入3000人举行会战、总攻,必须要有一个有经验、能力强的总指挥,情急之中想到了深得红旗大队好评的"谷满仓"。

谷文昌也算是受命于危难之际,只是他这一答应,可就急坏了史英萍:隆陂水库距红旗大队有十几华里呢,这老头有胃病和肺病,左腿因批斗而经常发生痉挛,今后离开她的照顾吃住在工地如何要得?知夫莫如妻,他到了工地肯定又会干重活,叫人如何放心?她责怪谷文昌事先不和她商量。

谷文昌笑道:"组织点将,征求意见时我若说等一等,让我回去和老婆史英萍同志商量一下,这像话吗,这是共产党员应有的态度吗?"

史英萍忍不住笑了,柔声说:"我知道哪里有困难,哪

★ 1971年冬,谷文昌长子谷豫闽携新婚妻子到父亲下放的宁化县禾口公社(现石壁镇)红旗大队,举行只有亲人在场的简朴婚礼。谷文昌夫妇和新人在田野上合影留念。

里就是你的新战场，可你都这把年纪了，又是这病那痛的，真担心你身体扛不住啊！"

"可别危言耸听，情况没你说得那么严重，很多人都是闲出病来的，适度参加劳动，只会让身板更硬朗！只是你带着哲英，也得'保管'好自己的身体啊。"说完这话，谷文昌就走马上任了。

2020年11月25日下午，75岁的隆陂水库管委会原主任张瑞栋，站在水库前的谷文昌半身塑像前，回忆"谷总"和他们在见面大会上说的一番话："同志们辛苦了，你们在这样艰苦的条件下还能做到这样子，为马上要开始的总攻奠定了良好的基础，我表示佩服……"是时，"阶级斗争"天天挂嘴边，水库指挥部的干部本来还担心，谷文昌一到任却是表扬，大家心里首先就踏实、好受了些。

有的大队出人出力不积极，谷文昌就说："你们都说禾口苦，却不知道禾口苦在干旱上，要拔掉这千年苦根，建水库是唯一出路。咱们苦干几年，就能让子孙幸福万年呐！"

有的大队认为即使建了水库，对自己也没什么好处，对征用自家地盘不甚情愿。离库区最远的陈塘大队还有人说："将来水库的水真要能流到我们这里，我都能把它全喝了。"

"你的胃口大是好事，就怕你的子孙后代想喝都喝不完……"谷文昌边说边摊开水库设计图，耐心地向群众说明渠道走向。

谷文昌一路走访，一路点燃群众修建水库的热情。

集起三千民工后，谷文昌发现了一个问题：这些劳力不少在库区外的家里住，远的离库区十余里，近的也有三五里路，大家早上来工地，回家吃午饭，饭后再来，这样哪怕是跑着来回，也要浪费大量时间，几千劳力加起来损失该有多大，如何提高工效？再说了，水库附近常有毒蛇出没，民工日跑夜跑，万一被蛇咬伤怎么办？

为此谷文昌提出寄宿，集中管理库区民工，生产安全得到有力保证。库区择地集中搭工棚，一个连队一个连队搭建，稻草铺过去就是通铺，一个连队就是一个伙食单位，指挥部也从祠堂搬出，谷文昌和民工一样搭工棚。库区除了医疗室、小卖部等，还建起了男女卫生间和浴室。

劳动时容易弄坏鞋子，那年头一双鞋子贵得很，多数民工就把鞋子放工棚，干活时宁愿打赤脚。谷文昌知情而心疼，担心赤脚容易受伤，要求后勤部门给每人买草鞋，坏了可以再换，总之保障民工兄弟有鞋穿。

张瑞栋原是县水利局水利规划员，被精简下放回乡务农，隆陂水库上马不久才又调来。一个县技术员变为一个大队农民技术员，一个挣工资的变成挣工分的，委屈中难免流露出消极情绪，当他得知谷文昌的身份，更有"同是天涯沦落人"之感，有一天谈及委屈，哽咽难语。

谷文昌安慰他："小张不要紧，谁没有委屈，谁没被人家误会过？我老谷还不是一样，我忠心耿耿为党工作，但也挨批判了，有段时间心里头也是憋得难受，但细细一想，没有工作的那段时间才是自己最痛苦的时候，只要党给了工作还不高兴吗，等于说党和组织已经认定我还是个有用之人。"

张瑞栋真诚地说:"组织调我来水库,我确实很努力工作,谷指挥不信你可以去调查。"

谷文昌看着张瑞栋,一脸蔼然:"小张,我是经过沟沟坎坎的人,但我始终坚定,任何时候都要相信党、相信组织,我都愿意为禾口百姓过上幸福生活拼上这条老命,你作为当地人,有什么理由不为改变家乡的穷苦面貌出力呢?"

起初,张瑞栋也认为谷文昌是在说教,但他很快就改变了看法。"谷总"原安排住条件较好的祠堂,却坚持不搞特殊,要把指挥部从祠堂里搬出来,和民工一样吃住在工棚。竹片当床板,稻草当褥子,清晨五点起床,亲自凿石运石、挖土挑土,几乎无事不干,哪天不是和大家同干十八九个小时?上夜班有加餐时,谷文昌总是紧着别人先吃,最后加餐没有了谷文昌就喝一杯开水。张瑞栋私下里劝他:"您是领导,年纪又大,不用事事冲在一线。"谷文昌一甩脸上豆大的汗珠,乐呵呵地说:"发号召容易,真正干成一件事却不那么容易。事业要成功,领导是关键,指挥不在第一线,等于空头指挥。"

谷文昌毫无半点"下放"味,张瑞栋感到自己的信念像一根钢钎,正在承受强力的锻打,内心原先的不平减轻了许多。一天收工后,他拉着谷文昌到坝头坐下,恭恭敬敬地递上一根烟说:"谷指挥,在您的言传身教下,我感到自己以前的思想认识有错,今后再怎么我都没有意见了,其他都不去考虑了,就是帮父老乡亲办实事。"

谷文昌刀刻一般的脸上,每道皱纹都漾出了笑意:"小张这就对了,今后无论遇上何种境遇,都要以理想支撑主心骨。"他拍拍堤坝,又补充一句,"以信念稳作压堤石。"

"喊破嗓子,不如干出样子。"谷文昌不靠说,靠做,感动着水库建设者,悄悄地、真真切切地改变着一个又一个人。

立新连队(大队)干部反映砌石工小张嗜酒成癖,甚至偷偷把疗伤用的医用酒精兑水喝。这个石工成分不是很好,还不受管束,谷文昌上任不久就遭遇其挑战。那天,小张不知怎的和谷文昌"顶牛",指着一块大石头桀骜不驯地说:"你要是真能把这个石头放好,我就服你,今后听你指挥,不然你就拜我为师。"砌石,尤其是砌大石头,首要在于放好石头的位置和方向,一石没放对,就影响接下来的工序。谷文昌二话不说,就招呼一个民工抬石而行。如此打赌,惹得一旁的摄影记者想抓新闻。一袋烟工夫,谷文昌熟练完成了作业,博得了众人的掌声和这位年轻石工的叹服,也给历史留下了这张殊为难得的照片。

如今这个愣头青犯事,连队干部以为刚好借机修理一番,谷文昌却说:"老罗你来反映情况很好,此风不可长,必须刹住,这事就交由我来处理吧,你不用管。"而后,谷文昌找来石工小张,和颜悦色地说:"砌石头是很辛苦,喝点酒解乏可以理解,但酒精喝不得,对身体无补,更不能去骗公家的酒精喝。我这里买了两瓶信丰谷烧送你,慢慢喝,不能过量,石头活要注意安全,今后需要酒喝就来找我。"年轻石工一时愣住了,已有风传要把他当作典型批斗,没想到,被自己当众冒犯的谷指挥能有这样的胸怀,他感动不已。

战天斗地、如火如荼的工地上，哪天没有谷文昌瘦削的身影？他哪天不是与大家同吃同睡干同样的重活苦活？甚至别人做不了或忽略了的，他也默默地做。人人见"谷"而动的场面，不觉就成了常态。老谷带头，哪能不从，哪个不愿卖命干活？

水库建设速度一天天提升，谷文昌却在这时对县革委会的指示第一次说了"不"。

那天，县革委会下令提前给水库上坝填土，向1970年国庆献礼。谷文昌在征求技术人员意见时，工程技术主管王瑞枝等人虽认为涵管清基尚未完成、强行填土隐患巨大，却也先入为主地考虑到谷文昌此时的身份，以为他也会求速度，与县里保持一致。可谁也没想到谷文昌不假思索地和科学规律站成了"统一战线"，直率如当年。百年大计质量第一，他在为民请命与县领导据理力争中，一头白发根根直立。最终的结果，县领导被说服了，同意延缓进度。

眼看1971年年关将至，谷文昌考虑到，群众的积极性刚调起来没多久，要是回去过春节、备年货，再返工地势必得重新酝酿士气，一来一去又得影响工效。他向公社党委建议没有特殊情况的人员不放假，继续在水库干活，工分照记，请后勤组统一备好鸡鸭酒菜，在大年三十来个集体过年。

没有杂音，因为大家都看在眼里，谷文昌担任指挥一年来，除了公社党委叫他去开会，只回过一次家。那天还是一个人小跑着出去，二十华里路走了一个半钟头。妻子担心他营养跟不上，隔段时间就用肉票买点肉，周末在家炖在牙杯里，吩咐在禾口读中学的女儿谷哲英送进指挥部，他乐呵呵地总要招呼大伙来打牙祭。在宁化另一公社锻炼的长子谷豫闽，也进水库探望过父亲一两次，谷文昌把儿子给他带去的烟拿出来与大家一起分享。在东山读书时，常有同学告诉谷豫闽，你爸昨天在生产队里犁地、挑土；在宁化，他看到父亲更是什么活都抢着干，始终没有忘记劳动者的身份。

三千民工在工地过了个此生难忘的盛大除夕夜，年夜饭让人人大快朵颐。大年初一，张瑞栋一早起来，眼见雪花飘飘，他即兴在一处高坡吟诵毛主席诗句，"北国风光，千里冰封，万里雪飘"几句刚出口，张望中却见前方库区有人冒着严寒一铲一铲地在清雪，显然是谷文昌。过去一问，原来谷文昌担心太阳出来，积雪融化渗进土里影响土质，大年初一又是一大早，他也知道大家都辛苦，不好叫醒大伙，就先行干起来。

张瑞栋顿觉一股暖气袭来，感动中忽然想到，老谷扫地上的雪，但土料仓上的积雪也要扫啊，坝上的积雪也要及时清扫啊，也得防止雪水渗进去。他马上跑回工棚，招呼大伙分头扫雪。雪停了，太阳也露出了笑脸……

安全生产是谷文昌再三强调之事。但百密一疏，施工期间，一场意外的塌方将几个民工掩埋，奋力抢救后民工张清水仍不幸死亡。谷文昌亲临现场，抱着民工遗体老泪纵横，久久不肯放下。为纪念民工兄弟对水库建设做出的贡献，谷文昌主张将其遗体葬于水库对面的山上，死者家属表示完全认可。追悼会那天下雨，近三千人冒雨送行，谷文昌亲致悼词。妥善处理完后事，谷文昌还主动向上级写报告，引咎自责,愿担处分。在当年提倡"一不怕苦,二不怕死,排除万难去争取胜利"的口号中,一位从战火中走过来的领导干部,能这样高看人民生命,让几千民工肃然起敬。

大坝合龙时,谷文昌因日夜操劳突发高烧,却依然淋着雨,举着喇叭筒到现场指挥。身边的人都能感觉到他的声音沙哑了,眼睛不好使了,腿脚也不够灵便了……累乏的他带着满身污泥焯水回到指挥所倒地就睡。

我听了这一情景的描述,不由得想到美国诗人金斯堡的名句:"我们不是我们污脏的外表,我们的心中一直盛开着一朵圣洁的向日葵。"

一个爱民如子、率先垂范、"不惜命"的指挥,能不带出一支"肯卖命"、同一条心的建设队伍?由此汇聚而来的斗志和巨大能量,能不争取胜利!

1971年国庆前夕,谷文昌召集水库各部门负责人开会,说他可能要离开一些日子,省里叫他去福州谈话,已经分工和安排下去的工作拜托大家齐心协力做好。谁都认为谷文昌会很快回来,却不料这是他在隆陂水库的最后一次露面。他赴省谈话后,参加了一段时间的政治学习,然后重新走上领导岗位。

隆陂水库也很快宣告竣工,禾口老区从此翻过缺水缺电这一页。40多年过去了,水库依然如故。前几年,省里在考虑是否加固水库或回填水泥等工程时,对水库抽土心化验。专家们一看,连说哎呀,全省水库老堤坝没见过这么好的,夯土质量不说,土质也非常均衡,一点杂质都没有啊,真是优质工程!

"直到今天,隆陂水库在防洪、抗旱、发电、农田灌溉、改变生态环境、群众饮水等方面,仍然发挥着重要作用,没有发生的是质量问题。饮水思源,当地百姓对谷文昌念念不忘。"后来当上了水库管委会主任的张瑞栋,每每讲及谷文昌在宁化特别是在隆陂水库的故事,声情并茂处,常有泪花闪现。

我看到半个月亮在他的泪花中升起,在水库荡漾的碧波中升起,我不知道这里的人们是否为百年一见的杰作献过诗,却知道当年东山人热情写过"水库颂",其曰:"东山水库处处开,人间月亮万万个。广寒宫里太冷清,月娘要到人间来。"

与谷文昌一年来的朝夕相处,深刻影响和改变了王瑞枝、张瑞栋的一生。那天在坝头与谷文昌一席谈,张瑞栋从此安心,如谷文昌期望的那样,信念稳作压堤石。这一安,便在基层稳了30年,戴着省劳模的大红花光荣退休。他一直珍藏着谷文昌那张抬石照。那天"立此存照"时,他就在不远处。

加缪笔下的西西弗推石如果是在痛苦中进行着的,那么谷文昌打石、推石、搬石,却可以说是在欢乐中行进。这并非言过其实,因为我看到了他身上负起的远比石头沉重的使命,再沉、再重、再周而复始,却都以最高的虔诚之心对待,并认为自己幸福而充实。这样的石头也好,使命也罢,唯有浸渍一个人的血汗和思想,才能形成一个斑斓的精神世界,回响不绝如缕的心声。

★ 2020年12月，张瑞栋老人在隆坡水库一旁的纪念亭谈及谷文昌当年心系群众、无私奉献的往事，几度哽咽。

晚年的史英萍和子女们再回宁化时，看到隆陂水库附近新建了一座小型纪念园，园内长廊陈列着谷文昌当年在宁化的感人事迹。这才知道，当年水库工程指挥部就有过一个"对老谷同志的意见"：

> ……他从福州来到山区，先在禾口红旗大队，后在我们水库工地，他到哪里就是心在那里，红到那里，个人利益完全服从革命利益，他经常学习毛主席的教导："我们共产党人好比种子，人民好比土地，我们到了一个地方，就要同那里的人民结合起来，在人民中间生根开花。"用毛主席的这些教导勉励自己、教育同志……对工作极端的负责任。他一到工作地点，就深入实际，到处跑，到处问，渴望把情况掌握清楚，制定改天换地的计划，下决心改变面貌……我们水库建设进展比较顺利，这和他的领导是分不开的……

睹物思人，亲人们最有发言权。当年下放宁化，谷文昌抚平创痛，迎难而上，全部的快乐就在于为百姓做事，造福一方。那时，他的命运虽然不完全属于自己，但信念不灭，当别人深陷一己痛苦和悲观时，他却以奉献的快乐使一切怨天尤人在他周围哑然失声。他带着妻子、儿女和新加入谷家的亲人们，面对起伏的山峦、动人的客家山歌、芬芳的擂茶、善良的乡亲，在苏区精神、红色文化的浸润中，又积攒着坚毅的力量奔向远方。

谷文昌在宁化，已想过再一次把自己当作一粒"种子"，在这里生根发芽,1972年初春却又接到了组织的召唤。对党忠诚的人,党不会忘记。

政声人去后,丰碑在人间。隆陂水库是一座实绩的丰碑、精神的丰碑,更是人民心中的丰碑。直到今天,宁化县的那些老街坊邻居们依然记得那个手掌起茧、头发花白、脸上总是带笑的"谷满仓"。

十四 勤务员：衣食住行知荣辱

1972年春，谷文昌转了一大圈又回到漳州，担任龙溪地区（今漳州市）林业局革命领导小组组长，继而兼任恢复机构后的地区农林水办公室主任。宦海沉浮，去而复回，伴随他辗转奔波的唯一值钱家当是那只箱子，简便的行装与8年前离开东山时无异。增大的是年龄，加重的是沧桑，不变的是信念。

57岁的人了，过尽千帆，归来仍是那个老谷。别说你不信，关于他为官三十多年没有一丝丝改变的衣食住行，初听之下，我也曾经大跌眼镜。

这个南下东山时年龄最长而后职务最高者，搬入县委好长一段时间，与妻子住在二楼晒台上搭起的一间简易平房

★ 谷文昌一用就是一生的箱子。箱子里装下的是他为数不多的衣物，装不下的是他对党和人民的拳拳之情。

里，办公室兼卧室，面积不过十余平方米，一套办公桌椅和一张床铺之外，就没有什么个人物件了。

吃饭也随便。虽然当时规定县委部长以上领导可享受"中灶"标准伙食，但谷文昌一日三餐都与小干部同吃"大灶"。县委公用的小厨房无处就餐，每人打到一份饭菜后就自由找地方吃，他常常与其他干部一样蹲在地上边吃边聊。有时从乡下回到机关，碰到食堂差不多已被"扫荡"一空时，炊事员要生火重做，他总是不让，有啥吃啥，有馒头就啃上两个，没馒头就煮碗面片汤。前前后后的炊事员都说谷书记最好"伺候"。

1960年，全国性粮食短缺和大饥荒进入严峻之时，谷文昌和东山县委曾许下"不能饿死一个人"的铮铮誓言。

严重的缺粮缺物，随处潜伏着社会矛盾，不管城镇还是农村，肚子饿急的人碰上一点能吃的东西，就毫不犹豫地急急往嘴里塞。在农村，社员偷公家地瓜和花生等充饥，或偷拿回家的现象时有发生，各种处罚随之而来，有人因此被抓。古马大队177户人家被罚款和停伙食99户，占了一半多。有位社员在路上拾了块破船板，大队干部发现后，也令公共食堂对其全家停伙食一天。犯下类似错误且无钱交罚款而被停伙食的，最多一天就有60多户，他们只好到外面偷地瓜活命。

谷文昌闻之，气愤不已，在1961年初召开的县委扩大会上指出各级干部要做群众利益的守护神。他还站在人民立场上严正声明："从现在起，除一些惯偷外，对一般社员私自拿公家一些东西的都不准叫小偷，最多是贪小便宜。因为这个现象明明是我们给人家搞出来的,大集体生产搞不好,个人小私又被弄得精光,你叫人家不偷才'见鬼'。这次要把矛盾搞清,造成矛盾是我们的错,不是工人、农民的错。"

4月下旬起,谷文昌带着县委组织部干事林木喜和警卫员潘进福,深入最困难的湖尾村蹲点。三人同住一间低矮昏暗的老屋,找来些杂草铺在潮湿地板上,盖上草席就成了床铺。他们白天和农民一起下地劳动,晚上走访看望困难群众,或开个短会座谈,接着还得在忽明忽暗的煤油灯下伏案熬夜写调研材料,三餐也都和社员一样,喝食堂的番薯丝煮牛皮菜汤。公社书记不忍,悄悄煮了份稀粥,谷文昌坚决谢绝。驻守湖尾山头的解放军某连请谷政委就近到连队吃饭,他也不同意,说的依然是:"领导干部就得和群众吃一样的饭、受一样的苦、干一样的活,才能得到群众的信任,才能维护党的威信。"

原本就有胃病、肺病,饥饿加劳累,使谷文昌得了水肿病。蹲点第4天,头昏,胃疼,牙痛,虚火上升出冷汗,剧烈咳嗽,折腾得他忍不住在地铺上打滚。同屋两个小干部看不下去了,合计着由潘进福骑自行车溜回县委办秘书室开证明,找县供销社主任何长发买回一斤饼干。一向好脾气的谷文昌见到饼干后却发火了,厉声道:"谁让买的?赶快退回去!"

眼见潘进福委屈得泪水盈眶,谷文昌叹了口气说:"小潘啊,刚才是我不对,不该冲你发脾气。可你想过没有,群众都在挨饿,我这个县委书记心里有愧啊,怎么还吃得下这饼干？作为干部，我们只有与百姓同甘共苦，才不会脱离群众……"

夏秋之交，谷文昌的肝、胃相继出现罢工现象，在妻子的督促和地委领导的过问下，他不得已停下手头工作，到漳州检查身体。地区接待处按级别规定，给他安排了一个每天10元带卫生间的套房，他却谈价色变，连连摆手："我们东山是贫困县，住不起这么贵的房间。"不由分说就拉着通讯员出门找小旅馆，住进了一天只要1.2元的普通客房，两人还是同挤一张床。

1962年2月，谷文昌从北方乘火车抵达广州站。通讯员何坤禄根据预先通知，和司机林长庚开一辆华侨赠送县里的旅行车前去接站。因道路不好而耽误了时间，到广州时已过晚上8点。谷文昌考虑司机疲劳，决定住一晚。连找三家旅店都没住成，嫌贵。转了一个多小时，才在一家最便宜的小旅社落脚。

谷文昌调任省林业厅副厅长后，二女儿为婚事找父亲批点木材做家具，他不留情面地说："我管林业，利用手中的权力为自己的女儿批木材，无异于监守自盗！我犯错误不说，下面就会有大小领导跟着这样做，那就错上加错、大错特错了！当领导要先把自己的手洗净，把自己的腰杆挺直才行啊！"

这个从枪林弹雨中走来的汉子，不怕牺牲、不怕风沙、不怕清贫，却独独"怕脱离群众""怕影响党的形象""怕给公家浪费"……此"怕"如一把戒尺，划清公私；此"怕"如一面畏镜，照见党性。

"怕给公家浪费"的他,却从不在乎自己的钱。他慷慨解囊,爱别人胜过爱自己,而他们的家过得才叫"狼狈"。

有几次,朱财茂去找谷文昌汇报工作,逢他们在家做饺子吃,偶尔"恭敬不如从命"地共享,但见馅里光菜没肉,可知平时生活之清贫。朱财茂几次跟随谷文昌出差,见其所穿衣服,屁股、膝盖、肘部、肩膀处多有补丁。磨破了,就找当地裁缝再补。

谷文昌的五个子女以及岳母、侄女先后投奔于他,全家人挤在两间低矮的小瓦房里。房里既无卫生间,也没饭桌,所谓的厨房和餐厅是在门口一块空地上用石头和柱子搭建而成的,供县委领导几家共用,一家一炉灶。一家人吃饭就在县委宿舍院子里一张废弃的露天石桌上,遇上下雨天全家人就只好端着饭碗在屋檐下吃。看到谷书记一家人多房少的情况,县委办表示要多调一间房。谷文昌说不行,不能搞特殊,人口多住不下是我的事,得由我来解决。于是,两个儿子分头和通讯员搭床甚至并铺,女儿也和别家的女孩同过铺。

谷文昌月工资140余元,史英萍80余元,在那时来说不算低了,但要负担十余口人的生活费用;要给老家寄;两人因为工作繁忙,家里不得已请了保姆后要付工资,就更加捉襟见肘了。史英萍持家必须精打细算,一分钱掰作两分钱用,每天一般只拿五毛钱到市场买菜。困难时期,史英萍周末经常带着家人去乡下田地,在征得生产队同意后,捡些收成后不要的地瓜叶、萝卜缨拿回家吃,还采摘野菜补充生活。有时也在保姆杨巧玲的引路下,一起去捡些树叶或割草当柴烧。大多时候，那露天饭桌上的菜是地瓜和腌制的咸菜，一家人半个月才能吃上半斤肉，谷文昌夫妇舍不得吃，五个儿女每人能分到一两块肉片，一点点放在嘴里嚼半天才舍得咽下去。谷文昌在家时，常有群众上门反映困难，他总是热情接待，并且留人吃饭。孩子们只能挨饿，在一旁流口水。

有一回，靳国富提醒朱财茂，县里不是有平价的油盐醋吗，你们本地干部为何不想法帮谷书记弄一些？朱财茂说不是没想过，但谷书记坚决不让，史英萍也坚决不从，孩子们似乎在比赛谁能得吃苦冠军呢。谷豫闽上中学后，每年寒暑假不是在盐场拉盐，就是在林场运砂石，顶着烈日迎着寒风，自己赚学费。不少人都目睹过他颤颤巍巍挑运，即使摔倒也硬生生挺住那份疼痛的现场；也有人见过他捡拾老百姓都不要的菜梗菜叶，拿回家腌制咸菜的那一幕。靳国富听罢，情动于衷地说："谷门好家风，有其父必有其子！"

最让谷豫闽骄傲的是，父亲曾亲自表扬过他。

三年困难时期，谷豫闽在暑假期间养了二十多只兔子、十几只鸡，眼见养大可以吃了，父亲却让他送供销社收购。他奇怪了，自己养的鸡兔为何不能自己吃？父亲说，国家建设需要肉食，工人和解放军叔叔更需要肉食，得先支持国家。国家收购价低，一只兔子和鸡还卖不到一块钱。而后，他把劳动所得如数交给父亲，得到两元奖励，说是全家饲养皆有功，数你功劳最大。在县里召开的生产自救会上，谷文昌提到要发展生产，多养家禽家畜，我的儿子都知道这个道理，并舍得支援国家呢。史英萍回家告诉他，你爸在会上表扬你了，继续努力！

谷家儿女都牢牢记住父亲的叮嘱："爸爸虽是干部，是一县之长，但实际上就是老百姓的勤务员，你们无非是勤务员的孩子，怎么能搞特殊，怎么能把自己和老百姓区分开呢？"

骑着一辆轮子吱吱响的自行车走村串户，是谷文昌在东山14年里最广为人知的模样。

谷文昌原本不会骑单车。以往下乡时要么靠一双久经考验的大脚，要么由随同人员载来载去。为方便起见，提高工作效率，更好地接近群众，他决心"独立自主"。他开始用一部28寸的旧红牌车，晚饭后到县委门口的广场，请警卫员和通讯员轮流当教练。经过几回苦练，他掌握了基本要领，但毕竟年纪大了，手脚配合不甚灵活，不免时而摔跌。身边工作人员担心他摔坏骨头，想到公安局局长王常保那里有辆26寸的单车，便想法予以置换。此车车身矮小，歪斜后只要两脚一撑，人也不会摔倒。就这样谷文昌学会了骑单车，此后经常自己骑行下乡搞调研。

谷文昌的自行车上不是绑着一把锄头，就是带着一把剪刀，披星戴月，在路上摔了几次后，他也就不忘带一把不时失灵的手电筒了。除了下地劳动，谷文昌骑行沿路只要看见歪倒的小树，就会下车立马把小树扶正，看到该剪的枝杈就随手剪掉。已然掌握一套护林知识的他，还随时给一帮护林员做树木修枝示范，指出哪个枝丫应剪掉，哪个枝丫应保留，才能使树木长得高大粗壮。

当时在省林业厅造林处工作的曹如杨，对谷文昌充满了

★ 1970年末,谷文昌夫妇和孩子们合影。已晋升外公的他,对孙辈的呵护如同爱护眼前的树苗。

★ 谷文昌骑过的自行车。他的自行车上总是绑着这把锄头。

好奇,决意到东山探个究竟,会会这位已成全省典型的造林书记。

他先是不声不响地来到县委办,工作人员说谷书记下乡了。他坐着等啊等,等到天暗了,还是没影儿,就问县委工作的同志,得到答复说几天之内可能都不会回来。小曹亮明身份,向县委办借了辆自行车,直奔村子。追了数天,从西埔追到白埕,跑了大半个东山,每到一处,不是听生产队干部说谷书记刚走,就是听群众道声"哎呀,谷书记昨天刚来"。

"追星"不成,小曹却有了答案:能这么沉得下去、靠前指挥的干部,绝非常人可比,啥问题不能解决?沿海各地从北到南都成立了国有林场,积极破解防风固沙大难题,偏偏沿海防护林能率先在自然条件最为恶劣的东山成功实现。

小曹不知道的是这位县委书记的领导方法。在一次省党代会上,针对干部作风漂浮、应付了事的下乡现象,谷文昌曾有过坦率批评。借群众的话说,干部一窝蜂下乡哪是什么工作组,而是工作班、工作排、工作团呢。谷文昌还举了个例子:县农业局一位副局长虽然下过几次乡,但没住过一宿,当天去当天回,走马观花,什么也掌握不了;一位青年干部下乡到樟塘检查农地时,听一位团员说"抓山龙的又来了",马上跑去把他狠批了一顿,还让他在团员会上作检讨,但离开时,却又听群众说"抓山龙的走了"。谷文昌并非只是自曝家丑,而是要对症下药。回县后,他以身作则深入一线,并要求县委委员每年至少要有一半时间深入农村;他还将县委常委分成农盐口、渔业口、机关工作口,具体分成六片，实行全面包干，督促检查；同时抽调一批干部长驻农村，平均每个社2人，真正和群众打成一片，及时发现和解决问题，领导生产建设。

林泽传清楚地记得，有次他和谷文昌骑了两个多小时自行车，翻坡越坎到目的地时已腿酸股颤，谷文昌却还抖擞着精神一来就工作。谷文昌当行署后，林泽传有次去漳州开会，在行署门口忽然听到熟悉的叫声，回头看是谷文昌下车亲切招呼，便问，谷书记您不是配小车了吗？他笑笑说，自己骑单车上下班，既省事又锻炼身体，还可以给公家省油钱。

从县里到地区，自行车都是谷文昌不变的代步工具。就是这么一辆自行车，他也是公车不私用。有一次，儿女们趁他不在家又忘了给自行车上锁，便骑出去玩了会儿，谷文昌知道后狠训一顿："这是公家配给我工作用的车，你们怎能这样公私不分！"此后，哪怕自行车又没及时上锁，谁也不敢再碰。

谷文昌纪念馆陈列品中，一辆锈迹斑斑、满身覆遍了时间灰尘的自行车，连同锄头、斗笠等，默默地向前来瞻仰的人们诠释何为精神。

任凭时代变迁，总有精神不朽。

谷文昌纪念馆还陈列着谷文昌南下后用了一辈子的旧箱子，以及几件衣物鞋帽。其中挂起的一件被他视为宝贝的旧大衣，特别引人注目，这竟是他当年回林县老家前从旧衣摊淘来的，平时还舍不得多穿！

2003年,我挂职福建省革命历史纪念馆馆长助理时,馆里举办了"谷文昌精神永恒"展览,谷文昌妻子史英萍"借展"了数十件谷文昌生前物品,有的此后就长留在了馆里。也就在那时,关于谷文昌生前的吃穿住行,我听过她简略的讲述。

谷文昌常穿的是一身褪了色的灰中山装,几乎没穿过皮鞋,脚上蹬的多是胞弟在老家做的黑布鞋。他兼任驻岛部队政委时,部队按规定发给他团级制服,但他除非特殊场合,从不随便穿,那双团级皮鞋也送给了警卫员。有时,通讯员忍不住提醒他:谷政委也该做套新衣服了。他笑指着身上的衣服说:这不挺好吗?我们是人民公仆,是干革命的,过分讲究穿着就脱离群众了。

谷文昌的穿着,让保姆杨巧玲都目瞪口呆。一次逢史英萍下乡,杨巧玲代洗谷文昌换下来的短袖衫衣时,不小心揉破了袖口,既担心又内疚。史英萍回来缝补好后安慰她:"这衣服多一块补丁,老谷也不会在乎,只是今后洗旧衣服时不可太用力。"保姆就问都这样了为什么还穿?史英萍说老谷从来都是新三年旧三年,缝缝补补又三年,给他补好了没事,自作主张给扔了,那才要挨批。杨巧玲后来逢人就讲,谷书记都节俭成这个样,我们还不学?!

1976年5月,谷文昌回东山调研,12年未见的杨巧玲和丈夫高兴地带着儿子陈仰贤去县招待所看望他。谷文昌一脸慈祥地问了家庭情况、孩子学习情况,还对孩子说,你这名字取得好,今后不仅要敬仰圣贤,更要见贤思齐。谷文昌从包里拿出一件赤色裤子,说爷爷也没有给你准备见面礼,这

★ 1958年,谷文昌和妻子史英萍留影于东山县城关。他身上这件大衣,是地摊上买的。

条裤子虽然旧了点儿，磨破的膝盖和裤底都是你史奶奶缝补的，回去叫你妈妈给改短些，还能穿好几年。陈仰贤穿着这条裤子一直到高中毕业，至今仍视作"传家宝"。

谷文昌胞弟谷文德自河南老家来闽看望兄嫂，谷文昌所赠衣物几乎都是穿过的。"文化大革命"结束那年，谷文昌南下福建后仅有的一次回老家，还因所带衣服不够而受冻。1962年那次去山西看望跟着长兄生活的母亲，别说衣锦还乡，还害得为娘的差点又要给他缝补。磨破得实在不能再穿的长裤，谷文昌就让家人改作了大儿子的短裤；穿破了洞的毛衣，就又织成了小儿子的毛背心。三个女儿的衣服也是大的穿后小的接着穿，母亲穿后再给女儿改装。

2019年，我受命参加某个省管干部的专案，该对象在县委书记任上因贪腐而事发，偏偏也是东山人，其父还是谷文昌当年的老部下，官至正县级，曾两度荣膺省优秀共产党员称号。我问他信不信谷文昌当县委书记时衣着简朴。他说信，因为其父不仅亲眼所见，而且一再告诫他和从政的子女要真心向谷文昌学习。

我告诉他，谷文昌身后，家里竟找不出一身像样的衣服给他换上，最后穿的是从箱底翻出来的旧军装，那还是谷文昌在东山兼任政委时部队所发。他听完泪水夺眶而出，而后留下沉痛检讨："当这些高档衣服穿在一个重点扶贫开发县的县委书记身上时，我想，它包裹的是一具灵魂出窍的身躯，它包裹的是与全县民心对立的身躯，同时也包裹了脱离群众、破坏干群关系、带坏一方政治生态的身躯……记忆中的父亲是何等清贫，我怎么就没能传承良好的家风呢？！"

★ 1962年2月15日，谷文昌和弟弟分头到哥哥带母亲落脚的山西长治市牛村，四代同堂留影。这也是谷文昌三兄弟和母亲（中）的唯一一张合影。

包裹在他那些衣服内外的一个个故事,像电影镜头一样,在他的脑海里浮现;像剧情一般,在审查人员眼前展开。他的反面,恰是谷文昌的正面。

谷文昌衣物背后的故事,耐人追寻,隽永悠长。

十五 无产者：弥留之际的"无我"牵挂

1980年9月，谷文昌住进了地区医院。以往他也住过院，但这次却出乎寻常的不好。

一年前谷文昌去广州参加秋季广交会时，吞咽费劲，连一瓣橘子都难以下咽，情知胃部发生了故障，回来后却因为安置难侨等繁忙的工作而将身体置之脑后。直到这年最后一天，在老伴央求下他才同意进医院检查，做了上消化道造影。没发现什么大问题，他便顽强地支撑着，哪怕食量一天天减少，浑身乏力气短，也从不诉苦，不抱怨。

眼看谷文昌身体一天天消瘦，家人对地区医院的医术水平产生了怀疑，地委领导也建议他还是去上海大医院做检查。谷文昌却放心不下手头工作，说咱们都有医院，干吗要舍近求远出省，那得浪费国家多少钱！

1980年春节，在北京某大医院工作的战友之子来拜年，得知谷文昌吃不下年夜饭，问了事因后，意识到情况不妙，恳请他上北京看病。谷文昌还是摇头：三年前去上海割过一次瘤子，说做得很彻底，漳州这边照过X光了，说没大事，养一养就好，别浪费国家的钱。

经多人提醒，不安之中的史英萍悄悄地把丈夫的X光片托人带到上海肿瘤医院。医生认真一看，哎呀，胃部贲门明显有病变，是贲门癌，可别再耽搁！

也就在这时，谷文昌在又一次抱病开会时倒下了。地委强行送他到上海治疗，由最好的医生做了贲门癌切除手术。但毕竟晚了，癌细胞已经扩散，难以妙手回春。

这病，是累出来的！

当时重新走上领导岗位后的谷文昌，一心想把过去耽误的时间给抢回来。地区革委会被取消，恢复行署后，他以副专员之职兼任地区农办主任，分管全区农林水这个大口。眼看这个拼命三郎身体吃不太消，地委、行署考虑让他脱离繁忙的农口，改为分管侨务，但新的工作一点也不轻松，谷文昌为落实拨乱反正后著名侨乡的侨务政策而夙兴夜寐。1978年龙溪地区受命安置2万名越南华侨。辖区内原有的常山、双第两个华侨农场远远不够安置，谷文昌拖着病体，翻山越岭亲自选点，再规划了3个新农场，并亲自欢迎一批又一批难侨们归来，又夜以继日地深入那些安置点，挨家挨户登门看望，嘘寒问暖。

在谷文昌的领导下，漳州建成安置房185座共11万平方米，安置难侨13批共8870人。晚年的谷文昌为难侨办了件大好事，生命再次迸发出熠熠照人的光华。时任联合国难民

★ 1978年11月，曾任河南省委书记的刘建勋（左四）来漳州考察。谷文昌（右二）和福建省省长马兴元（右四，南下前曾任河南林县县委书记）、龙溪地区行署专员张全金（左一）、漳州（小市）市委书记杨保成（左二）、龙溪地区行署副专员陈维仪（右一）等在漳州工作的南下干部合影。春回大地，谷文昌笑得灿烂。

署驻华代表马歇来漳州察看后,感动地说:"难侨有劳动能力的都有工作,孩子们都能上学,医疗也有保障,中国安置难侨工作做得这么好,堪称世界典范!"

谷文昌回到地区当副专员,春夏秋冬,家里客人不断:单位的事来汇报,基层群众来反映困难,老同事请他出面解决问题。刚坐下吃饭,就有人叫着谷书记来了,他来者不拒,请人进屋坐下讲。如此这般,大女儿不甚理解,事后说爸爸你不要这样,吃完饭后再听汇报也不迟啊。他说你们不懂道理,人家知道我吃饭时间在家才能找到我,让他们把问题讲清或解决后高高兴兴回去不是挺好嘛,爸爸在其位谋其政,时间都是公家的,哪有什么自己的时间。

谷文昌跟谁都合得来,待人不分高低贵贱,一律笑脸相迎,也教育孩子们要热情待客,绝不能摆着一副臭脸。有时家人刚准备躺下休息,听到敲门声,也要马上起身接见。谈话时,在家的孩子要帮忙给来客端茶送水。不少人选择在吃饭的时间来汇报,谷文昌总要问人家有没有吃饭,人家若不客气地留下来,家人就要饿肚子了,只好在客人走后再下一锅面。那是一家人事先擀好的,面食也是谷文昌一生喜欢的家乡味道。只是在凭票吃饭的年代,这样的客人一多,全家人即使再省,也常是半饱状态。

谷文昌吃得少,却排满了工作。他耗尽了心血,病魔悄悄侵入这个铁打汉子原本充满活力的肌体。

1980年国庆前,谷文昌终于被"赶"到了上海,接受第二次手术,全程陪同的还是妻子。在医院的日子里,他们说了很多。以前也为工作和生活琐事偶有争执的俩人,每天

★ 1979年春夏之交，一直带病上岗的谷文昌在组织的发令下，才在妻子、长子和地区林业局林昌时的陪同下，赴上海治病，并合影留念。这天的风显然有点大，但这棵老树屹立如初。

★ 谷文昌夫妇合影。

相看中，忽然感到岁月安静下来，有了不再被中途打扰的交心时间。

"英萍，今后不管多忙，我们都要多说说话。"

她点头："好啊好啊，这次不管工作再忙，就安心养病吧，我陪你说话。"

时间跑得比风还快，快得拽不住它的衣襟。一晃，他们结婚已经29年了。史英萍很感谢这个男人给予的爱，是他给了自己一个温馨的家。之后的运动接二连三，当任何一个批判她的人肆无忌惮翻出档案、横眉冷对诘问她的过往时，在她如坐针毡痛不欲生的当头，是这个男人用宽厚的胸膛为她挡住一切风刀霜剑。

看到妻子已然布满皱纹的笑脸如病房阳台盛开的菊花，谷文昌感到那朵花开进了自己的心里。他说："英萍，这些年真是委屈你了，不会怪我公而忘私吧？"

"委屈？"

"比如你的职务、工资级别的事……"

南下干部史英萍自1952年定为行政18级以后，就纹丝不动了。组织人事部门也不是没提出要给老史提级，可总被谷文昌压下，理由很简单：她是个老同志，有觉悟把名额让给级别更底、能力更强的干部。这一压不觉就是28年，谷文昌想到耽搁妻子进步，忽地有了愧疚之心。

原来是这件事，史英萍淡然一笑，道："真要说委屈的话，那就是我精心持家，让你一心扑在工作上，却纵容你累得落下了病……"

谷文昌成年累月地工作、劳动，回到家还得继续面对络绎不绝来访的干部群众,没完没了地谈那些总也谈不完的话题,有时饭凉了热,热了又凉。史英萍心疼他,总想替他挡驾,有时难免没好气:当领导的也得吃饭睡觉啊,这样下去还让人活不活?他却严肃地说:咱也是农民嘛,该知道自古农民见官,可不像走亲戚串门子那样随心所欲,八成是想了又想、鼓足勇气才来。要是不让进门,谁还敢下次再来?那人家在外头就要开骂,不仅骂我一个人,也骂天下乌鸦一般黑,骂自古当官的都一个样,那损害的可就是党的形象了!你想过这点没有?谷文昌总是言之凿凿,真理在手,害得她再不敢"挡驾",于是找上门来的人也就越来越多。眼看他整个身心都被干部群众的疑难苦痛扯住,睡眠不足不说,饭也是饥一餐饱一餐、冷一口热一口的,也许,他的胃就是被这样弄坏的。

听她从肺腑里发出一声痛惜的长叹,谷文昌不禁也动情起来:"难得你这么支持,让我在有生之年能为百姓做点实事,也算身在福中,没白来一趟人世……"

"老谷,留得青山在,不怕没柴烧,这次就听医生的话,既来之则安之……"

"你看,我们到上海住了两次院都没什么用,何必浪费国家钱财呢?"谷文昌话到这里,眼见妻子的脸上阴云密布,轻轻叹口气,委婉说道,"我们漳州不也有医院吗?回去的话,也方便孩子们照顾……"

史英萍知道拗不过他,只能顺从。

回家前,谷文昌突然提出要逛下繁华的南京路。在大商场里,他亲手为她挑了件漂亮的衣服,说:"英萍,在东山时我就说过要给你买件好衣服,拖了这么些年,就做个纪念吧,这辈子真是苦了你!"一切尽在不言中,史英萍强忍泪水,默默收下丈夫第一次也可能是最后一次给买的新衣服,二十年前的旧事如在眼前:那年在东山,她破例买了几尺花布给自己做了件喜欢的衬衣,谷文昌见后却说,东山人民的生活还这么苦,你作为县妇联主任、县委书记的老婆,穿这么光鲜的衣服出门,别人怎么说,你心里能好受吗?看到她眼里有万般的委屈,谷文昌语声和悦起来,等将来大家的日子好过一些,我一定给你买件好衣服。那时,史英萍强忍泪水把新衣服收起来……

从上海回来不久,谷文昌又住进了漳州医院。

对他积重难返的病情,不管是领导还是家人、好友,都少不得责怪医院当时太不在意,诊断有偏差而致耽搁。谷文昌却从不这样埋怨,还说医生护士已经照顾得很好了。

眼见谷文昌吞咽越发困难,血管日渐萎缩,医生建议注射人血球蛋白,以增加抵抗力。一听这种针剂要两百多元一支,他拒绝了,说这种病既然治不好了,就不要给国家再造成浪费。实在忍不住疼痛时,他才同意注射一支不贵的杜冷丁。

X光给谷文昌的家庭投下了可怕的阴影,他却坦然而从容,想着要把这为时不多的余生,完全交给党。他在咬紧牙关同危害自己肉体的癌症作顽强斗争时,也在一如既往地和那个侵蚀党风的"癌"做最后的坚决较量。

谷文昌病重住院的消息传出,东山的干部群众一个又一个越过海峡接踵而至,"谷书记,我们想你啊!"话里有木麻黄防护林带那沉甸甸的关切。

"我也很想念你们,想念东山!"谷文昌每每这样说时,深陷的眼窝总会情难自已地流下泪来。有时来人进来还不知怎么询问病情,他倒先开口了,说我这次复查效果很好,医生很满意,没什么大问题,你们不要挂念。

每一个来看望他的人都带来了东山人民十六万颗滚烫的心,他感动之中却岔开了话题,与他们谈得更多的是东山的未来。

朱财茂前来看望时,躺在病榻上的谷文昌忽然让一旁的妻子回家,把那盒在广交会上买的红茶带来,送给平时爱喝茶的这位老通讯员。执意相送后,谷文昌对朱财茂说:"你回去不要说我在住院,如果有人问起,就说病已好,出来工作了,别让人家再跑来,既浪费时间,又影响工作和劳动。东山干部群众坐长途车过来,来回车票不说,总要带上些东西,还得在漳州住一晚才能回去,多浪费钱啊……"

朱财茂听了十分感动,心里说,"老伙"啊"老伙",这个时候考虑的还是别人。

12月初,朱财茂忍不住又从东山赶来探望。谷文昌挣扎着从病床上起身,把棉被一角往背后塞,有气无力地说:"你怎么又来了?怎能随意离岗?"

朱财茂编了个理由,说这次为县广播站之事来地区,顺便看他,谷文昌便关切地询问了东山广播站的情况。此时的谷文昌,癌细胞扩散,全身都疼,却满脸堆笑,不让人看出疼痛的表情。说着说着,还是重点说到他为之斗争了十几年的造林治沙："我这次在上海请教了大专家,才知木麻黄的寿命只有七八十年,你回去一定要跟县里反映,抓好更新换代。不然等它七八十年后相继枯死,再种就难了,那时风沙再来,东山人民又要吃两遍苦了!只有做好了植树造林这篇大文章,东山世世代代才有好日子过……"

"谷书记放心吧,东山人民尝过黄连味,方知甘蔗甜……"朱财茂止不住热泪盈眶。

与谷文昌在东山一起工作的老搭档樊生林走进了医院。不知是命运捉弄人,还是有意让他们多些交集,这些年来他们竟是如此的"形影不离":当时樊生林接替谷文昌当东山县县长,而后谷文昌又继樊生林之后领导地区林业局,再之后两人又同是行署副专员,樊生林还是地委委员(常委)。谷文昌多希望自己还能继续为这个党、为这个国家尽忠啊,可惜没有机会了,他期待这位比自己年轻的老搭档能有更大作为,特别是继续推动东山的植树造林事业。

眼前铁骨铮铮之人,却丝毫没了当年不知疲倦的神采,樊生林紧握着谷文昌的瘦弱之手,他要以坚定的握手来传递自己由衷的敬意和心声。

一张又一张熟悉的脸,浮现在眼前。谷文昌极力睁开眼睛,哦,认出来了,这是当年县委办的主任林周发、副主任宋秋涓。现在他们一个是华安县县长,一个是华安县委组织部部长,又并肩战斗在一起。

谷文昌示意两位老部下分坐病床的两边,左右手各拉一个,断断续续地说:"周发,秋涓,我不行了,你们好好干,地委改组华安县领导班子后,你们干得不错,主要指标都由垫底升到全区的中上来了，我为你们高兴。你们还年轻，无论什么时候，都请记住我一句话，做领导的，首先要把手洗干净，把腰杆挺直……"

林周发、宋秋涓"嗯嗯"连声，老书记的话十分朴素，是他一生正确对待权力的为政标杆。他们攒了很多话要跟老书记说，但看到敬崇的老领导瘦若扶柳、气若游丝，也不能多说什么，只能一个劲儿地请他保重，边说边流下了热泪。

"谷书记，东山人民感激你，没有你就没有东山的今天！"现任东山县委、县政府主要领导来看望了。

"我只是做了一个共产党员应该做的事，有的做得也不太好，也有对不起东山、对不起同志们的地方，希望你们今后集中精力办大事……"握着他们的手，谷文昌先是欣慰，继而又感到了一丝愧疚。他曾跟老伴谈及，所谓十年树木百年树人，两件事自己只做了一半——他说的是培养干部那些事。一些鞍前马后跟随他十几年的干部，特别是知识分子，如朱子周、黄鸿度、蔡永康、林泽传，哪个不曾在风沙中出没、泥水里奔走，哪个不曾和自己同在机关熬夜、下乡同睡农家铺渔家床？他初到东山，听闽南话如同听天语，多亏了他们当翻译；他不会骑自行车，是这些人给他当"司机"兼教练；他没多少文化，那些年数不胜数的总结、报告等公文，就都偏劳他们了……可是，唉！谷文昌的心不觉隐隐作痛，怎么只知道使用他们，而忽视了重用！自己在东山时，他们是干事，现在听说他们有的还是一般干部，他们都不再年轻了，而如今的干部强调年轻化，他们本可成大材，是自己没用好他们，把他们给耽误了……谷文昌向他们有的当面表示了歉意：别再念叨我的什么好，只求你们不记恨；有的请求老伴向他们转达自己的歉意。

地区林业局的年轻干部杨琼也来看望了。这是个不错的苗子，勤勉工作，认真负责，以致谷文昌在改管侨务后，还让杨琼跟了自己一段时间，在谷文昌筹办几个华侨农场安顿难侨期间，杨琼一直忙前忙后，工作深受好评。

谷文昌对杨琼说："见到那些华侨农场的场长、书记，就说老谷拜托他们关心好难侨！"

"放心吧，谷副专员，那些侨民还盼着您去做客呢！"杨琼情真意切地说。

"漳浦、诏安两个糖厂，现在情况如何？"

"我前些时候有去了解，建设很顺利……"

就在住院前不久，谷文昌还主动和工业部门参与筹建了两大糖厂，很大程度上解决了漳州甘蔗加工、创汇及城乡居民就业等问题。这些年跟在谷文昌身边，杨琼深受老领导干事创业精神的熏陶。

"心血没白费，我就放心了……"谷文昌喘了一口气，看着杨琼，一字一句地说，"小杨，很高兴看到你现在也走上领导岗位了，你还年轻，千万不要辜负党组织的信任，今后不管当哪一级干部，都要清楚自己是共产党的干部，不能只想到自己养家糊口，更要想到如何为人民服务，最终得到老百姓的认可！"

昨天，长子来床前念报纸，听罢，谷文昌喘着气说："你要给弟弟妹妹树榜样，特别是要孝顺母亲。你们的母亲不容易，陪我吃了不少苦，我走后要照顾好她……"在长子带泣的"放心吧,爸爸"中,谷文昌又昏昏睡去。

今天,女儿把收音机调到了谷文昌想听的新闻。他告诉女儿,这收音机是自己出钱买的,买来不久就对着它好一场痛哭,因为传来了周总理逝世的消息。我死后收音机就留给你三叔做个纪念吧,老家那边可能还稀罕……

女儿强忍悲伤,柔声安慰:"爸爸您好好养病,您不是想回老家嘛,等病好了,我们陪您回去……"

模糊的眼前映现了一个军人。哦,不是二女婿孙益贵,是次子谷豫东呢,他怎么也从部队回来了?

记得上山下乡那阵子,这小子一心想留城,自己能同意吗,一定要他投身广阔的农村天地。这小子讲价钱,提出去东山锻炼,自己也坚决不同意,若去东山,人家知道你是谁的儿子,不会变相照顾啊,这样的锻炼有何意义?谷文昌要他主动到大风暴中去,温室里是长不出好花的!那时,这小子提出的要求都遭自己反对,懊恼之下,瞒着自己去当兵了,当兵好啊,保家卫国,军营里最能锻炼人。现在连他都请假回来了,看来自己来日真是不多了,得和他交交心。

"豫东啊,你要记住名字的来历,你是东山出生的,爸爸的老家在河南,这个关系不要忘……还有,你要向党组织靠拢,还要继续努力……"

1981年1月,20世纪80年代的头一个春天,躺在病床上时而陷入昏迷的谷文昌,忽然被窗外的雷声、风声、雨声给唤醒了。"噢,下雨了,正是栽树的好时候,我要回东山……"他喃喃地说着最后的心愿,仿佛担心再晚就回不去了。

老伴最是了解他,那些年在东山只要听到雷雨声他都睡不着,一心想着种树,看树种活了就高兴,把每一棵树都当成自己的孩子。史英萍和儿女们围在谷文昌病床前,忍着眼泪,强装欢颜:"等你病好了,我们全家一起回东山!"

眼前这些儿女,他们有的大学毕业后参加了基层工作,有的通过长达15年的自学考试从临时工转为正式工,有的是企业职工,有的还在部队服役,有的成家有了孩子……谷文昌一个个叫着儿女们的名字,叮嘱他们做好各自的工作,培养好下一代,还说:"你们要努力学习理论,在政治上要追求进步,入了党就要一辈子听党的话,无论发生什么情况,都要坚定不移地跟党走……"

对引导自己"不带私心搞革命,一心一意为人民"、实现人生价值、创造生命辉煌的党,谷文昌只有忠诚而无埋怨。

此前,他也隐约听到了社会上对儿女们的评价。还好,在老百姓眼里,他这些经常穿着补丁衣服的儿女们,没有一些高干子弟惯有的"娇气""贵气"。说这个说话轻言细语,那个脾气好、能吃苦、下乡睡地铺……孩子们啊,你们要不是我的孩子,可能会过得更好些,发展得更理想些,但既然入了谷家,就得遵守谷门家风,这些家规也许在今天看来有些不近情理,但今后你们或许会有所感悟,一生过得坦坦荡荡,睡得踏踏实实,是我留给你们最宝贵的精神财富,希望你们传承。

眼前这人怎么一来就哭?哦,是胞弟谷文德!

从河南林县老家赶来的谷文德,看着形销骨立、肤色黧黑、白发满头的胞兄，恍如隔世，忍不住放声大哭。受着病痛折磨的谷文昌，眸中含泪，近乎喃喃自语："莫哭莫哭，是人总有这一天……你不要责怪哥没帮你，共产党干部不搞一人得道鸡犬升天那一套，大家都得自力更生。你回去代哥给咱爸咱妈上一炷香，也告诉乡亲们，就说咱没给他们丢脸……"

还记得胞弟坐了两天三夜的火车来东山，第一次从八尺门跨海登岛，幻想过小桥流水人家，突然直面这样一片风沙呼啸的荒漠，心底竟有几分不信。晚上听见狂风呼啸，所居之屋就像风雨飘摇中的一叶小舟，随时都会被沙浪吞没，谷文德便问同住的县委通讯员："你们这里的风沙咋这么厉害？"通讯员回答得却宛如平常："这还不算大，大的能把房子整个埋了。"谷文德在东山才住几天就坐卧不安了："咱林县苦，没料东山更苦！咱林县虽苦，但树上叶子能吃，地里野菜野豆能吃，东山却到处光秃秃的，沙子能吃吗，西北风能吃吗？"哥哥的回答是："咱离乡背井不就是为了更多的人能吃上饭，共产党人不就是来救穷人的吗？"

胞弟第二次来，照谷文昌的吩咐从老家带了一把卸了柄的锄头，谷文德不解地问："你都当县委书记了，还要这把式干什么？"谷文昌憨憨地笑着说："老家的锄头我从小用得顺手，今后走到哪里都带上它，既能就地劳动，也好提醒自己别忘本。"胞弟握了握书记哥哥的手，伤痕累累，比自己的手还粗糙。他知道，这双手，攀过沙丘缚过"沙虎"，打过石子，筑过堤，种过草，植过树，捏碎过一个又一个天大的困难！

胞弟第三次来，从老家带来哥哥爱吃的山楂、核桃、柿饼。哥哥烟不离嘴，吃上这些可以化痰，他一直都是关心哥哥的，回去前央求过兄嫂："咱妈年纪大了，也来不了东山，你们干几年调回老家不是一样当干部为人民服务嘛，然后把咱妈从山西大哥那接回林县，享几年清福……"哥哥打断了弟弟的话："当了共产党员、革命干部，就要四海为家，听从党的安排，不论在什么地方都要在那里生根开花。"那次，哥哥陪着弟弟信步来到了月光下的海边，思乡之情也油然而生："文德你回去告诉咱妈，等东山像咱林县一样密密麻麻长成了树，我一定回去好好陪她老人家。"月光朗朗照着兄弟俩，谷文德看见月光和海水一同在哥哥的眼里打转，闪烁得让他鼻酸喉哽。

一次谷文昌和妻子一同观看潮剧经典戏《四郎探母》，讲的是在战场上被擒后改名易姓娶了辽国公主的杨四郎，15年后与押粮出征的母亲对阵，有心过营探母，奈何道道关口阻拦，只能仰天悲叹，"高堂老母难叩问，怎不叫人泪涟涟"。台上杨四郎唱得凄切摧心肝，台下谷文昌听得泪水涟涟，哽咽着对妻子说，不知咱妈情况如何。

谷文昌有心把母亲接到东山来服侍，但母亲的身体已不允许远行，只好接连寄钱拜托亲友照顾。1962年2月，谷文昌在参加完北京的七千人大会后，于回闽路上拐往山西探亲，和母亲住了近一个礼拜，每晚都给老娘洗脚，一脸笑嘻嘻地听老人絮叨。1963年夏天的一个傍晚，长子谷豫闽到办公室叫父亲下楼吃饭时，见他一个人面对窗口泪流满面，吓了一跳，接过父亲手头的电报，才知奶奶去世了。此时东山，正逢史上难遇大旱，繁忙的工作使得谷文昌忠孝难两全，速速汇了钱请家人帮助安排后事，又抑痛投身抗旱指挥。

如今，谷文昌自己也感觉要油尽灯枯了，恍惚之中，他感觉自己的灵魂飘向了那个魂牵梦绕的故乡。"文化大革命"结束那年他抽身回了趟老家，秋冬之交的林县冷得直让他打战，拨乱反正后的工作却又热得他无从休假，于是也只住了三天。相比那个离别太久的故乡，他更放不下东山。这个海岛曾是那样的陌生，环境是那样的恶劣；现在却是那样的熟悉，那样的美丽。他从1950年到1964年，从35岁到49岁，向这个海岛献上了自己一生最美好的年华，如果还有来生，他真愿意与她长相守。

"我喜欢东山的土地、东山的人民。我在东山干了14年，有些事情还没有办好。死后就不留骨灰了，撒在东山吧，让我和东山永远在一起！"得向老伴和儿女们交代后事了，谷文昌说话的声音非常低，且断断续续，几乎只是口唇的气息，也像是窗外风雨的喘息。他似乎早有打算，流云潭影，来去无踪，只想化作春泥护树。

1981年1月30日凌晨，一颗忧国忧民的心脏停止了跳动，一双总在深情凝望百姓的眼睛安详地闭上了。窗外大雨滂沱，仿佛在为这个共产党员的逝去哀鸣。远处东山岛，参天的木麻黄林带在狂风中呼号，在暴雨中饮泣！更远处的宁化，谷文昌曾下放两年多的禾口公社，不少干部群众闻讯也放声痛哭，大家不敢相信只有65岁的好领导为何走得这么匆忙，争着要赶去送他一程。

一周后,史英萍拆除了家中的电话,连同谷文昌的手枪、自行车一并上交党组织:"这是老谷交代的,活着因公使用,死后还给国家!"

这些东西中,史英萍对自行车别有一番感情。哪怕丈夫手把手教过她,她这辈子也没学会骑自行车。她天生的半残疾,一双手太小了,压根就抓不了车柄。在东山有几次下乡,特别是夫妻双双出门抗旱时,是他载着她磕磕碰碰地奔向目的地。紧抱着他的后背,听海风在耳旁呼呼而过的感觉,竟是那么让人回味。只是美好的时光,实在短暂。

孩子们各奔东西之前,史英萍召集他们说:"党和人民对你们的爸爸这么肯定,给了他这么高这么大的荣誉,你们今后一定要时刻注意自己的一言一行,做个好党员、好干部,不要玷污了谷文昌这个名字!"

十六 名世者：『先祭谷公，后拜祖宗』如何成经典

1987年春夏之交，地处山口村的赤山林场忽然闹起了动静，"坎坎伐檀兮"中，有人要在这里开挖墓地。

附近村民一拥而上，严词呵斥，予以制止："谁也不能把墓建在赤山林场！"

负责挖地的县林业局负责人说："对对对，但如果是谷文昌老书记呢？！"

山口村党支书陈加福确认后，马上"变脸"："真要是谷书记归来，我们求之不得呢，到时一定敲锣打鼓！"

这年7月15日，谷文昌的骨灰从漳州运回东山，与这片他生前无限牵挂的大地葬在了一起。这时离他去世已经过去

整整6年。

　　谷文昌的遗愿是希望把骨灰撒在东山，肥沃一片林地。到底撒在哪里呢？县里几经研究，最后同意林业局的意见，选择在他亲手创建的赤山林场，当年那里还是植树造林的指挥部和主战场之一，也正是在谷文昌的推动下拔得全省农业生产先进的头筹。不久前，1983年5月，国家林业局局长杨钟还率南方11省林业厅长们来此参观，誉之为"东海绿洲"，号召全国林业战线向谷文昌学习。是的，赤山林场只对谷文昌例外，也只有他有资格在此"安家"。

　　孩子们对父亲魂归此地也莫不认可。谷豫闽记得，那些年每逢寒暑假，父亲总问他有什么计划，强调要参加劳动，特别是多种树。县委附近去赤山林场有公交车，有个暑假他和班上同学在林场待了半个多月，光他一个人就种下了几百棵树。父亲爱树如命，把树当孩子，有自己种活的这些树，特别是父亲墓旁观察楼一边自己种下的两棵树陪伴，父亲也不至于寂寞。

　　谷哲慧也认为父亲的墓地选林场最好。她在东山保卫战前夕从河南来东山，一片风沙打得双眼睁不开，煮饭时刚起锅，风一来，锅里就落满了细沙，咬得牙齿酸痛。平日里不管如何关门，风沙几乎无孔不入，要不是万里迢迢，她真是想逃回河南老家。林县那边虽也苦，吃的不过是地瓜稀饭，但有山有水有树有柴火，还可以跟伙伴们一起放牧，在野外用石头灶烧柿子吃，好玩多了，而这里除了风沙还是风沙，还常常断水，张嘴就是沙子，夏天打雨伞，连人带伞都要被风刮跑。

因为种树，谷哲慧听过父亲最开心的笑。那年她上初中，和同学们种完一天的树后在返途中，恰遇几个县领导在种树。认识她的一位县领导径直把她带到父亲面前猛夸，说谷书记你看你女儿这张脸，和你可有得一比。大家看着这对父女，莫不会心而笑。原来，他们的脸上都黑了一圈不说，鼻尖上还都沾着沙土。父亲也被眼前这张小巧玲珑的五花脸给逗笑了，爱怜说丫头辛苦了，赶快回家洗把脸，劳动者最美，咱不怕别人笑。边说边用手指刮了一下她的鼻子，原想把鼻尖上那点沙土揩去，不料手指原就够黑，一指下去却是黑白分明。大家见状又笑，他也笑，眼泪都笑了出来。她从未见过父亲笑得这么开心，虽然感觉到自己的花脸不雅观，却也幸福地笑了，因为父亲说了，劳动者最美！

这个她心目中最美的劳动者，今后永远躺在赤山林场，如秋叶般静美，她耳畔似又回荡着那串远去的笑声。

谁也没想到，一个离世6年的外地人骨灰安葬那天，竟然人山人海，附近群众提着贡品，烧香祭拜，哭声震天。

蓝天白云下，茫茫林海中，"谷文昌同志万古长青"之碑徐徐树起。

艰苦岁月里和谷文昌工作过的一些同志相约来到碑前，栽下8棵青松。他们在一起时，常说跟着谷书记，不可能升官发财，但一定不会犯错误，活得很踏实。面对丰碑，他们重复着谷文昌生前常说的话："一个人活着要有伟大的理想，要为人民做好事，为人民奋斗终生。"

他们当年大都二十出头，那时满世界都找不到树，沙路茫茫无穷尽，风吹沙飞眼生疼，上学或走路都得背风而行。

★ 1987年7月,谷文昌无比简朴地回归这片他和亲人都曾植树无数的林场。20年后,妻子史英萍的骨灰也悄悄安放在他身后。

谷书记在这里一待14年,静悄悄离开东山时,一片片一排排树为他列队送行。现在他们终于补上了为谷书记另一场送行的机会,也就以树为内容"添枝加叶"吧。

山口村党支书陈加福说:"谷书记,您为我们辛苦了一辈子,现在我要天天打扫陵园,为您守墓一辈子!"许多两鬓斑白的老人说:"过去刮一阵风,谷书记就一脸沙、一身汗地赶来看我们,现在就永远和我们在一起吧!"

一位带着儿孙的佝偻老妪,一瘸一拐来到墓前跪地就拜,仪式结束后还哭天抹泪不走。县委报道组记者黄石麟从村支书那里打听到是山口村年近七旬的村民何赛玉,职业的敏感让他感觉里面有故事,上前扶她起来问:"何阿婆你年纪大了,腿脚又不方便,孩子来了就行,怎么还自己来?"

"谷书记是大恩人呐,没有他带领我们种树,我们山口村早就被风沙埋掉了,哪有现在的幸福生活?我七岁就跟家人出外当乞丐,我们家三代外出讨饭,一个死在漳浦,一个死在诏安,尸首都不见,直到谷书记来,我们才不再死在讨饭的路上。我们没有祖坟,我和子孙都说好了,谷书记就是我们的祖宗,今后就把谷书记的墓地当祖坟,年年祭扫。"她边说边发出呜咽之声。

第二年清明时节,山口村几乎每家每户都来扫墓。第三年清明前夕,东山各乡各镇的乡亲也远远近近地来了,在老书记的坟前烧些香烛,摆些祭品,添一抔热土。

中国改革开放的巨轮滚滚向前,当年被抓兵到台湾或因困境所迫出洋谋生的东山籍台胞、侨胞回乡探亲,对家乡巨

★ 新中国成立前,东山是这副模样。十多年过去,在当年这些逃荒者眼中,新的东山能不是天堂?

★ 谷文昌有限的遗物,在那些奔着利而去的收藏家眼里,也许没一件值钱,但这些可能被人弃之如履的物件,却如静影沉璧般过滤出了"忠诚、老实、干净、担当"的金不换雕像。

变叹为观止。以前,他们和父辈的心情莫不灰钝,触目之处几乎无人间烟火之象,被风沙和贫困笼罩的荒岛,全部生活仿佛就是徘徊在风和沙之间。他们卷起铺盖逃荒要饭、流落外乡、下南洋谋生,哪个不是被"沙虎"逼走的!弄清天翻地覆的起因后,也不由自主地来到谷文昌坟前,恭恭敬敬地祭拜,交口称赞:"共产党真伟大,谷文昌真了不起,把人间荒岛变成人间乐园!"

日月经天,江河行地。林带深深,涛声阵阵。即使一些并非特殊的纪念日,一个个普通的晨昏,总也有人带着香火纸钱,默默地上山来到坟前,静静焚去。或跪或拜中,他们有时还问:谷书记,我们现在都富起来了,你那里有钱花吗?有吃的吗?烧完,问完,顺便捡走吹弹出去的烟头纸屑,然后随意坐守,在四起的凉风中归去。

在他们归去来兮中,那些流水行云般过往的鸟儿,也时而落在树上和坟头碑前,小歇倦羽,聒噪一番又飞去。

1990年清明节,赤山林场观林楼被开辟成"谷文昌先进事迹陈列室",首次以诸多历史照片、遗物、史料,向世人告知谷文昌感人肺腑的一生。

原来东山眼前的美好,并不是与生俱来,更非靠天赐地施,而是有人在前头顶住了风雨扛下了苦难!深深受到感动的东山新一辈中,就有黄石麟,他觉得谷文昌于东山恩同再造,为此参与发起了为谷文昌捐资建造塑像的活动。一呼百应,短时间内全县3.6万人捐资共计6.8万元,专门请石雕之乡泉州的工艺美术师雕刻,并在基座背后刻上省委书记陈光毅题写的"绿色丰碑"。

★ 绿色丰碑——谷文昌纪念园。

★ "先祭谷公,后拜祖宗"已成东山一景,天长地久。

1990年底,谷文昌半身雕像揭幕仪式在赤山林场隆重举行,全县党政机关干部、学校师生和各界人士上万人参加。昔日"乞丐村"山口村全村老幼倾巢而出,纷纷来到雕像前表达思念:"谷书记,您生前种树,死后还回东山为我们看护树林。"

1991年5月4日,福建省委发出《关于开展向谷文昌同志学习的通知》。《福建日报》随即于5月8日发表由记者张红、檀云坤等人采写的长篇通讯《共产党人的丰碑——记党的好干部谷文昌》,反响热烈,一股学习谷文昌的热潮在八闽大地上掀起。

谷文昌的精神高度是常人无法企及的,他的善良、大爱和慈悲,不啻是深入骨髓的品质。东山人对谷文昌的崇敬,如同对关公、黄道周,充满着人情味和神圣感,久而久之形成一种独特民俗。墓地和雕像的落成,进一步促进了"先祭谷公,后拜祖宗"的东山新风。

原来谷文昌的墓地很小,仅有一条羊肠小道上下来回。由于来祭拜和凭吊的社会各界人士越来越多,高层领导和省外工农兵学商也慕名而至,造成的拥挤日甚一日。1999年东山干部群众又捐资120万元,在赤山林场兴建占地面积100亩的谷文昌陵园,把山头削平成石级,重新塑像,并把"谷文昌事迹陈列室"更名为"谷文昌事迹展览馆"。

2003年4月3日,经中共中央办公厅批准,福建省委、漳州市委在已定为国家级森林公园的赤山林场举行"谷文昌纪念馆"奠基仪式。翌年2月建成开馆,从此成为全省爱国主义教育基地,到2016年入选全国红色旅游景点景区名录,再到2019年被中宣部命名为"全国爱国主义教育示范基地",谷文昌纪念馆备受瞩目。

何赛玉老人一直为谷文昌扫墓到2019年临终前一年。那个自称要为谷文昌守墓一辈子的山口村党支书陈加福,也坚持到了生命的最后一刻。

黄石麟坚定地认为,谷文昌的丰功伟绩足以雄视百代,为了把这个人物推向全国,1997年他特地向来东山休养的新华社原社长穆青介绍了两个小时,直听得76岁的穆青泪流满面、数度哽咽。

数十年来接近过无数好干部的穆青,有自己的定论,不同时代的好干部,忠诚和清廉都始终是雷打不动的一个"标配",但忠诚和清廉绝不是与生俱来的"胎里带",它源自共产党员的修养,积淀于平时对党纪国法的敬畏,升腾于公而忘私、不负人民的信念。

2002年以来全党开展"三讲"和"三个代表"学习,广大党员干部都在面对党旗三问:参加革命为什么?在岗位上干些什么?身后留下什么?中央组织部原部长、中央三讲教育办公室主任张全景入闽调研时,黄石麟受命整理了谷文昌的事迹材料,继而又全程陪同张全景在东山调研一周,连开几十场座谈会,并从县档案馆借阅复印了两大袋的谷文昌讲话、报告,供张全景带回北京细看。收到张全景写就的万字长文后,黄石麟受托读给当时参加座谈会的知情人听,看有没有出入,时间、地点、人物是否有误。修改后的二稿、三稿,则分寄给知情的离退休干部看,希望提出意见。第四稿,黄石麟特别寄给了正在深圳疗养的穆青。穆青说,此稿写得很好了，很感动人了，不需他再润色（半年后，穆青逝世）。张全景还把此稿发给几位在世的福建省委老领导审阅，回话都说情况属实，并高度肯定了谷文昌的精神。2003年1月21日，经中央领导批示，《人民日报》转发了张全景给新华社的通稿《立党为公执政为民的典范——谷文昌》。中宣部决定将谷文昌作为全国重大先进典型推出，中央主要新闻媒体集中宣传他的先进事迹。

在黄石麟看来，谷文昌能成为和焦裕禄并列的县委书记楷模，塑像双双进入中央党校，而后又有谷文昌干部学院的诞生，最是离不开习近平总书记的关切。

习近平在福建工作时就多次倡导学习谷文昌，在浙江省委书记任上，还在一篇题为《"潜绩"与"显绩"》的文章中，称赞谷文昌"在老百姓心中树起了一座不朽的丰碑"。习近平到中央工作后又多次深情提到谷文昌，特别是2015年与全国200多位县委书记座谈，叮嘱大家要做心中有党、心中有民、心中有责、心中有戒的"四有"干部时，特别谈起谷文昌。不久，《人民日报》社长带队来东山调研，党中央机关报连发四篇评论。继而，谷文昌的雕像出现在中共中央党校。继而，谷文昌干部学院让人眼前一亮……

所有人都明白，他谷文昌受之无愧。

谷文昌纪念馆里的不少实物，来自林进顺的捐献。他是东山当地有名的收藏家。设馆时列出实物清单找他，居然大都有现成，大大小小一大摞。馆里说借，林进顺当时就干脆地说，还是捐吧。馆里也知道他辛苦收藏不容易，表示可付些钱，他谢绝了，说谷书记那么伟大，我乐意为他做点事。

★ 新时期矗立在中共中央党校的谷文昌雕塑。对于一个"立党为公,执政为民"的党来说,他今天和今后都将是永不褪色的全党全国的楷模。

寸草不生的东山林进顺没见过，也想象不出如何一个光景，但大人们都把"沙虎""风妖"说得那么狰狞可怕，也就知道植树造林是如何降妖除魔了，长大后清楚谷文昌如何像父亲说的那样拯救了一个岛后，也敬起了这个一心一意为人民的好官。

林进顺的父亲林财平在县医院上班时，曾多次上门为闹胃病的谷文昌把脉抓药、煎中药，知道谷文昌如何累出病来又如何带病工作。他听父亲说过，谷文昌每次服完他抓来或煎好的中药，都叮嘱他不要声张；他也听父亲叹息过，那时药房里只有一点点西药，谷文昌总是说留给急需的病人，自己甘愿服用见效慢的中药；他还听父亲说，谷文昌是神灵下凡，才会这样菩萨心肠，才能做成那么伟大的事。

县里发动募捐为谷文昌做雕像时，父子俩都表达了心意。后来纪念馆建起来了，为了与纪念馆扩建相配套，要重新雕塑，他们为此又热烈响应募捐。

一日，父亲忽问起谷书记原来的雕像，得知在新塑像立起后被埋在了地下，心里颇不舒服，说不该这样对谷书记，要他跟县里说让雕像重见天日，如果没地方摆放，就在家里供着。县里鉴于林家为纪念馆捐赠文物的贡献，同意了他们的申请。

冥冥之中有天意。那天要不是当年负责其事的包工头刚好回东山，热心地叫了几个人带路，要在已然长出树丛的地方翻找埋像之处，谈何容易？四五个人小心翼翼挖了好半天，终于请出了泥巴裹身的雕像，运回林家。冲去泥沙，雕像上面的斑斑点点却有碍观瞻。父子俩经行家指点，用了半筐白萝卜，连搓三天，才使雕像洁净如初。

林进顺在东山租了块为期数十年的用地，经营自己的沙生植物园，以及古玩收藏，在当地颇有名声。他后来就把雕像移进植物园，和一尊雷锋雕像并排。人们得知谷文昌第一尊雕像坐落于此，都少不得来此祭拜，给植物园增添了不少人气。

林财平晚年就住在植物园，耳聪目明的他三天两头就要擦拭老书记塑像，讲他心目中的谷文昌。

林财平说起其中一个故事总是悲欣交织：一个夏日，读初中的他正在自家附近之地用书包装沙，一袋一袋为改造沙荒出力时，看到谷文昌倚靠着锄头柄打起了瞌睡，心想谷书记该是又累又饿了吧？于是一阵风似的跑回家，给他送来一碗地瓜稀粥。谷文昌毫不见外一口气喝完，连声说谢谢你这个懂事的治沙小鬼。

"治沙小鬼"林财平亲眼看过谷文昌骑车载锄头下乡劳动，至今还珍藏着一把大兴生产工具改革当年谷文昌指导改造的锄头。在硕果满园的龙眼树前，头戴草帽、嘴叼香烟的老人兴致勃勃地给我们示范刨沙植树。我从一双长满老茧的手中，接过锄柄上贴有编号并标示的"谷文昌锄头"，挥舞了几下，果然顺手，而且轻便得很。

眼前这把锄头，不论是否谷文昌发明或改进，也不论他是否真正用过，都是一把再普通不过的锄头，岁月的剥蚀已然使它失去了使用价值。它和谷文昌纪念馆里那把永久存放的锄头一样，却都有着超出其身的分量，在当年为改变东山

"春夏苦旱灾，秋冬风沙害"中发挥过重大作用。

1993年的一天，谷文昌墓碑前多出了一尊香炉，上面刻着"谷公——人民敬仰"几个字。显然不是组织所为，那会是谁呢？人们在猜测并寻找了多年，才解开谜底。原来，谷文昌骨灰落葬后，杏陈镇老人陈和春每年都带着孙子去扫墓，见四周每每都插满了香烛，还烧纸钱，心想，群众真心实意祭拜谷公是好事，但万一不慎引起森林火灾，那就成坏事，也愧对谷公了！左思右想，他悄悄请老石匠何财春打造了一个四方鼎香炉，并请乡村书法家何九松题字。石匠和书法家问清情况后，都谢绝工钱，给谷公做事怎能要钱！

放上香炉后，民众祭拜时就有了插香烛的地方，满了即处理。听说谷文昌生前爱抽烟，有的参观者也就点上一支香烟敬献于炉上。这种朴素的方式，在这个"蝶岛"产生了美好的蝴蝶效应。

年复一年到来的一个个人，一家子人，一村村人，也有与谷文昌素无交集、缘悭一面的人，都络绎不绝地主动来给长眠于此的这个外乡人祭拜。只为斯人如霞，心无旁骛爱百姓，只为他像墓边的木麻黄那样笔直向上，为一代代东山人挡住了风和沙，也为他像木麻黄那样干净磊落，共产党人的高尚情操苍天可鉴。

"先祭谷公，后拜祖宗"，在这里相沿成习，诉说绝世风雅。

英雄如星，照亮时代的天空，也引领未来的道路。

2009年，为推动群众性爱国主义教育活动深入开展，迎接新中国成立60周年，中央11个部门联合组织开展评选"100位为新中国成立作出突出贡献的英雄模范人物和100位新中国成立以来感动中国人物"活动，得到积极响应，干部群众广泛参与。彼时，我因工作性质，参加了福建省"双百人物"候选人名单的筛选，福建历史上英模辈出，但名额有限，必须推出最具代表性和号召力之人，我们无论怎么筛选，都没落下让人心动的名字：谷文昌。

记得也是那一年，我受邀赴河南省安阳参加全国重大党史题材写作笔会，专门去谷文昌老家林县（林州）参观了号称"人工天河"的红旗渠。

历史有记，1960年，当谷文昌带领东山人民"绿化全海岛"已见成效，并建成红旗水库时，同一时空的千里之外，他老家林县人民也正豪情壮志地在太行山上劈山凿渠，与千年旱魔进行着艰苦卓绝的斗争。这个伟大工程原称"引漳入林"工程，指的是将浊漳河的水引到林县来，而后才正式命名为"红旗渠"，意为高举红旗前进。

能不说谷文昌精神和红旗渠精神同根同源，一脉相承，都体现了太行山儿女身上那种执着、坚韧、务实重干、勇于担当、永不言败的性格吗？它们都是时代精神的集中体现，是中华民族精神的重要组成部分。

也是这次赴林县采风，我才知谷文昌南下后不仅把中原的先进生产技术、工具介绍到福建东山，也把南方的经验传播到林县。身在东海之滨的他，时时不忘太行山，在困难时期曾多次给家乡人民以粮食等物资支援。

谷文昌不仅属于福建东山,不仅属于生于斯长于斯的家乡林州,他更属于中国。江山有情,时空交错爱不泯,闽豫这两个县为了纪念好干部谷文昌,后来也共同在他家乡为这个优秀的太行之子建立了纪念碑、故居和文昌阁。

谷家子弟先后回过依旧崇山峻岭的故居,流连忘返中,也把父亲为他们取名的用意告之乡亲:"豫闽""豫东"是希望儿子们不忘河南、福建,以及与东山的缘分,不忘两地的父老乡亲;豫东为外孙取名"谷弘",是希望他不忘弘扬谷家的好家风、好传统。忠厚传家久,他们请乡亲们放心,在离开父亲的日子里,家族血脉在延续,家风在代代相传。

当年,谷文昌硬生生地挥别母亲和家乡,心中以四海为家,生命的行囊里却也始终没落下故乡,力尽所能地帮衬过家乡,这也让家乡人挂念并感到自豪。那些还没到过福建东山的人,在林县的谷文昌故居透过一张张珍贵的黑白照片,半个多世纪前的场景便一幕幕浮现在眼前,太行赤子的身影愈加清晰……

新中国成立70周年前夕,2019年9月12日上午,谷文昌干部学院正式揭牌开学。中共中央党校赠送的谷文昌塑像(和中央党校内那尊塑像同一比例)揭幕后,开学第一课便是"不忘初心,牢记使命"。

过去,这里是一处让百姓叫苦连天的沙口。不发今昔感怀,一长溜环绕簇拥校园新植的树木,青翠秀气逼人。

十年树木,百年树人。年深月久学院定能培育出一片蔚为壮观的干才之林。而这些来自天南地北的人们,置身于蓄满精神能量的"林子"之中,将获得不尽的智慧和力量,向

★ 河南林州的谷文昌故居。

★ 谷文昌干部学院。

着辽阔的天空拔节生长,最终挺拔成枝繁叶茂的大树,投大地以绿荫,馈后世以福祉。

我曾和长年宣传谷文昌的《福建日报》原常务副总编张红、漳州市人大原主任吴玉辉等人探讨,遴选谷文昌表里如一品格后面最感人至深的言谈,皆认为其中几句最为经典:如"不把人民拯救出苦难,共产党来干什么",如"不带私心搞革命,一心一意为人民",如"党要求什么,群众需要什么,我们就去做什么",如"一个人活着要有伟大理想,要为人民做好事,为人民奋斗终生",如"只要对百姓有利的事,哪怕排除万难也要做到;凡是对党威信有害的事,哪怕再小也不能做"……

这些话,翻阅谷文昌有关报告、当年的东山县委会议记录,就可寻章摘句。尽管纸张已经泛黄,字迹开始模糊,却仿佛仍能听到他当年掷地有声的话语。微言大义,却是对谷文昌作为共产党员一生的有力诠释,也是对中国共产党性质和宗旨、初心和使命的有力诠释。

2020年10月15日,谷文昌诞辰105周年。我们一群党员受教于谷文昌干部学院后,驱车前往谷文昌陵园,轻轻踏上陵园台阶,静静来到谷文昌墓前,献花,鞠躬,重温入党誓词。

一路上,我和他们分享谷文昌60多年前在东山党代会报告中谈及的干部普遍存在的三种思想偏向和三种工作作风:

> 第一种思想偏向,是片面的群众观点。他们的行动口号是宁愿得罪人家(指国家),不愿得罪千家(指群

众），表现在隐瞒产量，虚报数字，严重的是阳奉阴违，而把国家的利益与群众利益对立起来，实际他们是只代表少数人的眼前利益，不是党员大公无私地代表广大群众的利益。

第二种思想偏向，是革命意志开始衰退疲沓，思想走下坡路。县委开会报告，他认为是老一套；区委布置工作，他认为没新材料；部门发言，他认为各说各，报告当耳边风，开会当顺脚路，造成工作贯彻不下去，各项任务停留区乡一层。

第三种思想偏向，是动口不动手，老当"空军司令"，不愿充当"地面战士"。他们虽东喊任务西叫工作，可是自己脚不动；群众修水利，他不上工地；群众消灭四害，他不上火线：成为一个名副其实的"空头言论家"。群众称他"鸟鱼"（指光张嘴，不动手）、"白鹭鸶"（指休闲自在，有吃有穿）是无差的。

谷文昌列的三种不同工作作风：

第一种作风是，完全放下了干部架子，与群众同住、同吃、同劳动，真正深入到田间参加生产、领导生产，真正成为群众的知心朋友，成为群众的爱戴者和领导者，群众和乡干部都愿他长住这个乡。

第二种作风是，干部架子放一半，所指放一半是说他有时参加劳动，得到群众好评，就是还没有完全同群众同甘共苦。名义上是深入田间，实际上是站在群众之上，带一种监工性的工作作风。表面是下地检查生产，其实是转一趟，看一看。所以群众称他检查生产为"抓山龙"，群众与他尚有距离。

第三种作风是，放不下干部架子，脱离群众。有这种作风的干部，单凭夜间开会去完成每天的工作任务，群众白天劳动到天黑，吃过晚饭，已经七八点了，可是他还要召集开会作大报告，第二天又要睡到太阳东升竿高才起床，群众称之"放鸡屎有，生鸡蛋无"。

谷文昌指出："以上情况不能不引起我们警惕，党内同志尚有较严重的官气、骄气、娇气、暮气、阔气和各式各样的封建主义、资本主义思想作风。如果这些非无产阶级思想不彻底革掉，如果不与老百姓完全平等，是不能无条件地忠心耿耿地为人民服务的。"

在"不忘初心，牢记使命"成为全党共识时，我深切认同谷文昌一番并不过时的讲话，并奉之为真理。真理并不都高深，有时质朴得就像他打下的那些石子，砌成海堤，砌成会堂，不可移也。

同行闻之，皆称善。

一位同行像东山人一样，点燃一根烟，小心翼翼插进坟前那个插着多根香火和烟蒂的石炉。我又细看了炉上凿刻的"谷公——人民敬仰"六个字，看得出，这是心怀敬意者一笔一画用心凿上去的。真心实意为人民的人，人民又岂能相负，忘于风雨中！

"家祭无忘告乃翁"，虽然类似的告知必然千百次了，我还是想亲口道一声：谷公，今日东山天蓝、水碧、沙白、林绿、岛美，是国家级生态县和全国十大美丽海岛，您当年描绘的愿景早已变为现实。我想告知的当然还有今日之漳州：就在上一年，漳州市实现了全域脱贫摘帽；还有今日之福建：福建省森林覆盖率连续40多年保持全国第一；还有今日之中国……

他并不活在雕像里。望着他深邃而蔼然的眼睛，我感觉，面朝大海的他，看着漫山木麻黄，一脸阳光地笑了。

我还来到墓后。我知道，后头一角不事声张地埋着他妻子史英萍的骨灰。他们仿佛前生密约，注定要在死后共眠，然后一起站成模范夫妻，向这个社会诠释爱的真谛。我得向这个生前死后都默默站在他身后的女共产党员致意。

谷文昌去世三年后，史英萍离休，过的依然是清贫、洁白朴素的生活，还荣获了"特困大学生的好母亲""首届漳州市道德模范"等荣誉。

谷文昌离开后的日子里，史英萍总不忘向儿孙们强调：唯有更好地按你们父亲、你们爷爷生前的要求去做，才能告慰他。每逢丈夫忌日或清明，她总要带着孩子们来到东山这个陵园，悄悄来，悄悄走，刻意避开一切，绝不惊扰当地领导和民众。94岁那年她无疾而终，遗物里有厚厚一摞来自全国各地的信件。"谢谢史奶奶，您的汇款我收到了……"她当得起学子们的感谢，晚年她几乎倾其所有资助贫困学生，逝世前存折里仅剩下700多元。

史英萍逝世后的第一个春节，组织仍按惯例去谷家慰问，却被谷家子女婉言谢绝，并恳请今后都切莫再来。母亲已去世，作为子女不该再享受慰问待遇。说者平静，闻者动容，这样的事并非首次，谷家家风和谷家人有口皆碑的本分与自律，也受着一位老母亲嘉言懿行的潜移默化，"全国五好文明家庭"勋章里有她的功劳。

我在谷文昌墓碑后一处无任何标识的地方向她鞠躬致敬，眼前这片木麻黄，也有她所种，风中自当为她歌唱。我在绿色的林海中漫游，海风吹来，纤尘不起，眼前却总觉飘忽着两个执手的身影。

木麻不黄，他们更是情未了，他们不仅留给东山漫山遍野蓬勃向上的绿化树，更给世间留下了极具鲜明时代感和强大生命力的精神遗产。

在接手写关于谷文昌的书稿时，我刚完成出版一代农业教育家严家显的传记，《博览群书》为此刊发书评《中国需要多少个严家显》。我忽地想到，继项南之后担任福建省委书记的陈光毅，曾在1991年5月全省县委书记、县长学习谷文昌座谈会上，作题为《我们的事业需要千万个谷文昌》的讲话。不管是多少个还是千万个，人活一世，都得找准自己的人生坐标，成为这一个。

先秦诗《东山》，有"我徂东山，慆慆不归"之句，旋律凄绝，说的是在东山戍边三年不能归家之情，连声叹息如"零雨其濛""我心西悲"。而与我们同在现代的共产党人谷文昌，戍守东山14年无怨无悔，最后还把骨灰撒在了东山！

我宁愿相信，这是他对东山的另一种"戍守"。一个在生前尽想着为人民、为时代做更多好事的人，至死都觉得自己的使命还没完成。他有限的生命虽已逝去，却仍以精神的雕塑屹立于制高点上，仿佛还像当年投身惨烈的东山保卫战那般，身负重托地守卫着最后据点。在保卫青山绿水、保卫蓝天成为一道国策时，他的过往当如一面磨洗干净的铜镜，给此后如云的冠盖照出一条正道。

我不知道，人们在东山看到诸如"果蠃之实，亦施于宇""仓庚于飞，熠燿其羽"的种种美好，听着"人生一粒种，满山木麻黄"的创业之歌，并认可"百姓谁不爱好官"的情感诉说时，可曾把这位姓谷的县委书记当成一粒谷子？是的，他也是一粒谷种，那些年保证了百姓有饭吃，"谷满仓"，再艰难困苦都没有饿死一个人！这谷种变树籽，再由幼苗长成参天大树，岂非神话？

是的，谷文昌活成了神话。你会觉得雕像中的他，在以温和的目光与眼前的热烈和喧腾无声交流。他似乎在说：个人只是沧海一粟，别把我说得那么神，我真没有改天换地的本事，是整个组织在起作用；东山造林根治风沙等事业的成功，也不能离开当时的历史条件，现在我还记得"人民公社力量大"那首歌，我不过是在坚持不懈中碰上历史机遇，人民才是创造历史的英雄。

我相信，在一切靡费的祭礼前，他其实更愿意离开，而逐渐隐入到大地、山川、大海中去。

"俯首甘为孺子牛"的情怀，忍辱负重、忧先乐后的胸怀，可能让精致的利己主义者看到了谷文昌的苦相，我却辨出了他的福相。如其外孙女秦宇丹所说："外公走时我才四岁，对他的记忆是模糊的。我去纪念馆认真地从头看到尾后，感觉外公不仅绿化了东山，还做了其他不少事。他完全是一个草根，却关心群众文化生活，在文化建设上也做出成就，真了不起。我觉得外公是幸福的，因为有一份自己真正喜爱、能够专注、能够忘我、能够发挥作用的工作，他能忘掉自己的身份，又时刻记得自己的身份。"

不说已离开东山的人们，即使在今天东山的孩童听来，"沙虎"为患都已是遥远的历史传说，而谷文昌这个名字却是妇孺皆知的"伏虎"英雄。

"此膝终当为公屈，此泪不惜为公流。"我愿借现代艺术大师刘海粟对黄道周的崇敬之语，转致谷文昌。当年，黄道周扶明抗清，"为补苍天"而轰然陨落，一生"石破天惊"；而后，谷文昌走进他的故乡，为绿荒岛而鞠躬尽瘁，尽忠党和人民，观其"潜绩"和"显绩"，亦不愧一代完人。历史已完成对一位共产党员最公正的检验。

我想我读懂了谷文昌。就如现在，即便颂扬备至、赞歌嘹亮，他依旧会是这个世界上最淡泊名利、深藏功名的人，沉静地在赤山林场"托体同山阿"，安静注目潮起潮落、日落日出、云卷云舒，平静面对一棵棵树、一个个人，用时间来雕琢一座回归精神本真的丰碑。

风中传来年轻的歌："人间不过是你寄生之处，银河里才是你灵魂的徜徉地……"我想我也是听懂了。

2020年11月30日晨一稿
2020年12月29日晚二稿
于苦乐斋

参考书目

1. 东山县委宣传部编:《东山岛纪游》,福建人民出版社,1987年。

2. 张全景:《永远活在人民心中的县委书记——谷文昌》,《人民日报》(2003年2月21日)。

3. 霍达:《渔家傲》,《光明日报》(2003年3月20日)。

4. 张红:《谷文昌的故事》,海峡文艺出版社,2016年。

5. 吴玉辉:《谷文昌》,中共中央党校出版社、福建人民出版社,2016年。

6.《福建日报》《东山报》《东山文史资料》有关报道。

7. 福建省、漳州市、东山县档案馆有关档案。

（京）新登字 083 号

图书在版编目（CIP）数据

谷文昌：只为百姓梦圆 / 钟兆云著 . — 北京：中国青年出版社，2021.8
（人民英雄：国家记忆文库）
ISBN 978-7-5153-6465-0

Ⅰ.①谷… Ⅱ.①钟… Ⅲ.①纪实文学—中国—当代 Ⅳ.① I25

中国版本图书馆 CIP 数据核字（2021）第 134306 号

本书图片部分由谷文昌亲属、谷文昌纪念馆（福建东山县）提供，并得到福建省文联、福建省文学院签约作品项目扶持。特此致谢！

责任编辑	彭宇珂
特约编辑	段　琼
装帧设计	瞿中华
内文设计	李　平
出版发行	中国青年出版社
社　　址	北京东城区东四十二条 21 号
邮政编码	100708
网　　址	www.cyp.com.cn
门市部	010-57350370
编辑部	010-57350520
印　　刷	北京中科印刷有限公司
经　　销	新华书店
规　　格	880×1230　1/32
印　　张	9
字　　数	180 千字
版　　次	2021 年 11 月北京第 1 版
印　　次	2021 年 11 月北京第 1 次印刷
定　　价	36.00 元

本图书如有印装质量问题，请凭购书发票与质检部联系调换　联系电话：（010）57350337

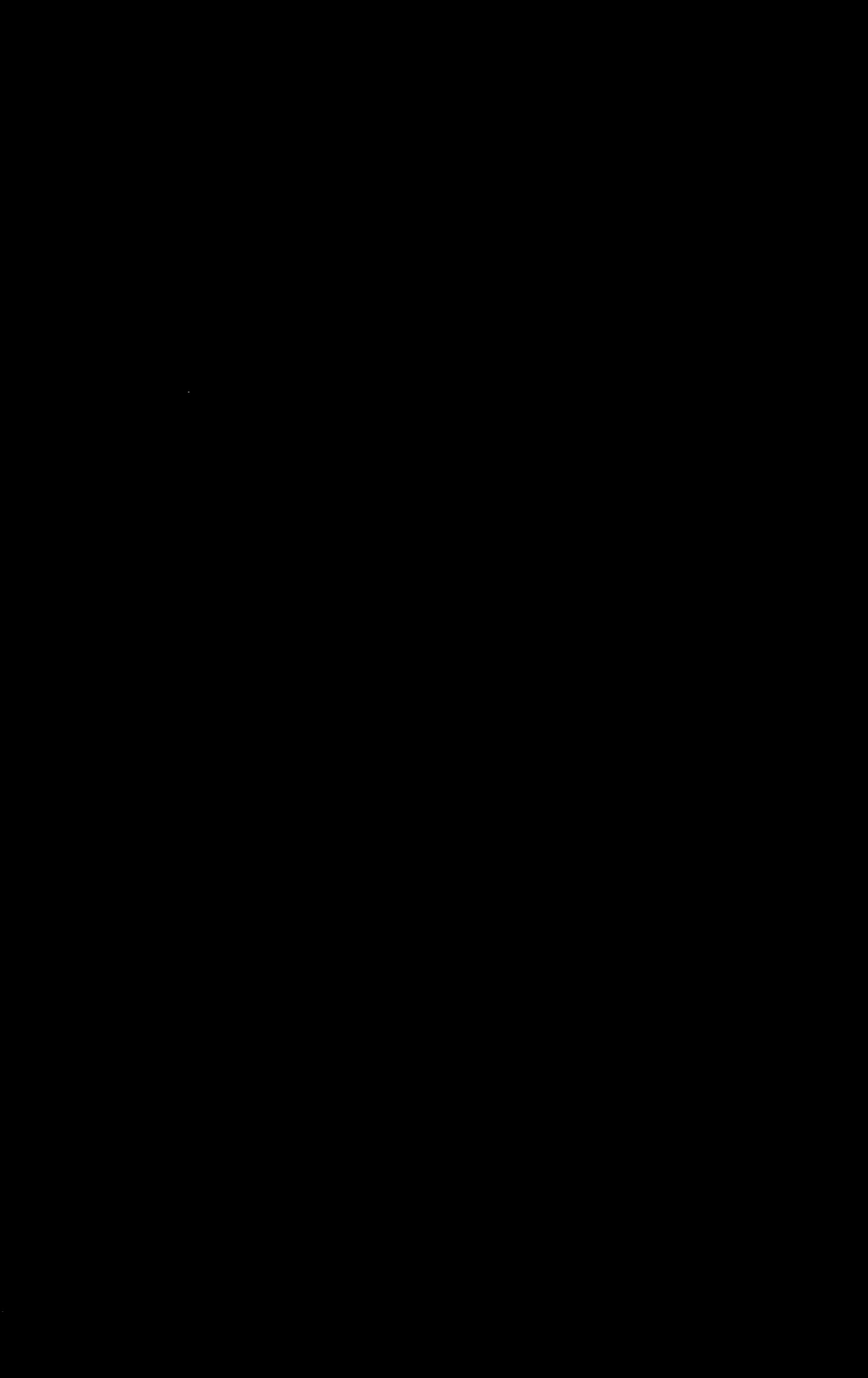